Brothers Gr

MW00948222

Englis.. .. Spanish

A Bilingual (Dual-Language) Book

Authors: Jacob & Wilhelm Grimm 1812-1815
Original Language: German

Spanish Translator: José S. Viedma 1879
English Translator: Margaret Hunt 1884
Translator & Editor: Nik Marcel 2013

2Language Books

Brothers Grimm (Green Book)
English to Spanish

Original Edition: German

Copyright © 2013 Nik Marcel

All rights reserved. Without limiting the rights under copyright reserved above, no part of this publication may be decompiled, reverse engineered, reproduced, stored in or introduced into a retrieval system, or transmitted, in any form, or by any means (electronic, mechanical, photocopying, recording, or otherwise) now known or hereinafter invented, without the prior written permission of the copyright owner of this book.

This dual-language (bilingual) edition, including its compartmentalised structure, its formatting, and its translation, is owned by Nik Marcel.

ISBN-13: 978-1492709732
ISBN-10: 1492709735

2Language Books
(A Bilingual Dual-Language Project)

Editor's Note:

The parallel text contained herein has been compartmentalised from its original form into sentences, sub-paragraphs, and paragraphs, for quick and easy cross-referencing. The emphasis is on attaining a high correlation between each set of text fragments.

The text has been modernised and amended to suit this dual language project. The original fables are in German. The Spanish text has been partly translated anew from the English. The English text has been in large part translated anew from Spanish.

Table of Contents

Cinderella

La Cenicienta

A rich man had a very sick wife, and when she saw that she was near her end, called her only daughter, and said to her:

Un hombre rico tenía a su mujer muy enferma, y cuando vio que se acercaba su fin, llamó a su hija única y le dijo:

"Dear child, be pious and good. Then God will protect you from the heavens, and I will not depart from your side; and will bless you."

"Querida hija, sé piadosa y buena, Dios te protegerá desde el cielo y yo no me apartaré de tu lado y te bendeciré."

Soon afterwards, she closed her eyes and expired. The child went every day to mourn at the grave of her mother, and continued always being pious and good.

Poco después cerró los ojos y espiró. La niña iba todos los días a llorar al sepulcro de su madre y continuó siendo siempre piadosa y buena.

Winter came, and the snow covered the grave with a white blanket; spring came, and the sun spread gold on the flowers of the fields – and the father of the girl married again.

Llegó el invierno y la nieve cubrió el sepulcro con su blanco manto, llegó la primavera y el sol doró las flores del campo y el padre de la niña se casó de nuevo.

The wife brought two girls that had very beautiful faces, but very hard and cruel hearts; then began a very difficult time for the poor motherless girl.

La esposa trajo dos niñas que tenían un rostro muy hermoso, pero un corazón muy duro y cruel; entonces comenzaron muy malos tiempos para la pobre huérfana.

"We do not want that this piece of goose sit by our side. One earns the bread that one eats: go to the kitchen with the maid."

"No queremos que esté ese pedazo de ganso sentada a nuestro lado, que gane el pan que coma, váyase a la cocina con la criada."

They took off her pretty clothes, put an old, patched gown on her, and shod her in wooden shoes.

La quitaron sus vestidos buenos, la pusieron una basquiña remendada y vieja y la dieron unos zuecos.

"How dirty the proud princess is!" in laughing at her, and ordered her to go to the kitchen.

"¡Qué sucia está la orgullosa princesa!" decían riéndose, y la mandaron ir a la cocina;

She had to work there from the morning until the night: rising early, carrying water, lighting the fire, sewing, and washing.

tenía que trabajar allí desde por la mañana hasta la noche, levantarse temprano, traer agua, encender lumbre, coser y lavar;

Her sisters also did her every possible injury: they teased her and tipped her food in the ashes, such that she had to get down and collect it.

sus hermanas la hacían además todo el daño posible, se burlaban de ella y la vertían la comida en la lumbre, de manera que tenía que bajarse a recogerla.

In the night, when she was exhausted from so much work, she could not lie down – as she had no bed – and leaning to the side of the fireplace. As she was always full of dust and ashes, they called her Cinderella.

Por la noche cuando estaba cansada de tanto trabajar, no podía acostarse, pues no tenía cama, y la pasaba recostada al lado del hogar, y como siempre estaba, llena de polvo y ceniza, la llamaban la Cenicienta.

It happened that the father was once going to the fair, and he asked his two step-daughters what to bring them.

Sucedió que su padre fue en una ocasión a una feria y preguntó a sus hijastras lo que querían las trajese.

"A beautiful dress," said one; "a nice ring," added the second.

"Un bonito vestido" dijo la una. "Una buena sortija," añadió la segunda.

"And you, Cinderella, what do you want?" he said to her.

"Y tú Cenicienta, ¿qué quieres?" le dijo.

"Father, bring me the first branch you encounter on your way."

"Padre, traedme la primera rama que encontréis en el camino."

For the two step-daughters he bought beautiful dresses and rings adorned with pearls and precious stones.

Compró a sus dos hijastras hermosos vestidos y sortijas adornadas de perlas y piedras preciosas;

On his return, he passed through a forest covered with greenery. His hat caught on the branch of a bush, and he cut it off.

y a su regreso, al pasar por un bosque cubierto de verdor, tropezó con su sombrero en una rama de zarza, y la cortó.

When he returned to his house, he gave the two step-daughters what they had requested, and the branch to Cinderella – for which she thanked him.

Cuando volvió a su casa dio a sus hijastras lo que le habían pedido y la rama a la Cenicienta, la cual se lo agradeció;

She ran to her mother's grave, planted the branch on it, and wept so much that it was watered by the tears. Without delay, it grew and turned into a splendid tree.

corrió al sepulcro de su madre, plantó la rama en él y lloró tanto que regada por sus lágrimas, no tardó la rama en crecer y convertirse en un hermoso árbol.

3

Cinderella went three times every day to see the tree: to weep and to pray. A little bird always came to rest on it; and when Cinderella felt any desire, in this act the little bird granted her that which she desired.

La Cenicienta iba tres veces todos los días a ver el árbol, lloraba y oraba y siempre iba a descansar en él un pajarillo, y cuando sentía algún deseo, en el acto la concedía el pajarillo lo que deseaba.

At the time the King was preparing to celebrate an important holiday – that was to last for three days – and he invited all the young women of the country: so that his son may select as a bride, the one that pleased him the most.

Celebró por entonces el rey unas grandes fiestas, que debían durar tres días, e invitó a ellas a todas las jóvenes del país para que su hijo eligiera la que más le agradase por esposa.

When the two step-sisters learnt that they would attend that festival, they called out to Cinderella and said to her: "Comb our hair, clean our shoes, and arrange our buckles, for we are going to a festival at the King's palace."

Cuando supieron las dos hermanastras que debían asistir a aquellas fiestas, llamaron a la Cenicienta y la dijeron: "péinanos, límpianos los zapatos y ponles bien las hebillas, pues vamos a una fiesta al palacio del rey."

Cinderella cried as she listened, for she would have loved to accompany them to the dance; and so she pleaded with her step-mother to permit her.

La Cenicienta las escuchó llorando, pues las hubiera acompañado con mucho gusto al baile, y suplicó a su madrastra se lo permitiese.

"Cinderella," she said; "you are full of dust and ashes, and you want to go to a festival? You have neither clothes nor shoes, and you want to dance?"

4

"Cenicienta," le dijo; "estás llena de polvo y ceniza y ¿quieres ir a una fiesta? ¿No tienes vestidos ni zapatos y quieres bailar?"

However, as the girl insisted in her pleas, she finally said to her: "A plate of lentils has fallen in the ashes. If you pick them out within two hours, you can come with us."

Pero como insistiese en sus súplicas, le dijo por último: "Se ha caído un plato de lentejas en la ceniza, si las recoges antes de dos horas, vendrás con nosotras."

The young girl went via the back door out into the garden, and she said: "Gentle pigeons, kind doves, birds of the sky... all of you come, and help me collect them. The good into the pot; the bad into the cauldron."

La joven salió al jardín por la puerta trasera y dijo: "Tiernas palomas, amables tórtolas, pájaros del cielo, venid todos y ayudadme a recoger. Las buenas en el puchero; las malas en el caldero."

Two white doves entered by the kitchen window; then came two turtle-doves; and finally all the birds of the sky began to flutter around the fireplace. They eventually lowered themselves into the ashes, and put all the good grains on the plate.

Entraron por la ventana de la cocina dos palomas blancas, y después dos tórtolas y por último comenzaron a revolotear alrededor del hogar todos los pájaros del cielo, que acabaron por bajarse a la ceniza; y pusieron todos los granos buenos en el plato.

Then the girl took the dish to her stepmother, believing that she would be permitted to go to the festival; but the stepmother said: "No, Cinderella, you have no shoes and do not know how to dance; they would laugh at us."

Entonces la chica llevó el plato a su madrastra, creyendo que le permitiría ir a la fiesta; pero le dijo: "No, Cenicienta, no tienes vestido y no sabes bailar, se reirían de nosotras;"

However, in watching Cinderella weep, she added: "If in one hour you can collect from the ashes two dishes full of lentils, you can come with us."

pero viendo que lloraba añadió: "Si puedes recoger de entre la ceniza dos platos llenos de lentejas en una hora, irás con nosotras."

Firmly believing that Cinderella could not do so, she tipped the two plates of lentils into the ashes, and then left. However the girl then went out into the garden (via the back door,) and said again:

Creyendo en su interior, que no podría hacerlo, vertió los dos platos de lentejas en la ceniza y se marchó, pero la joven salió entonces al jardín por la puerta trasera y volvió a decir:

"Gentle pigeons, kind doves, birds of the sky... come one and all, and help me to pick. The good into the pot; the bad into the cauldron."

"Tiernas palomas, amables tórtolas, pájaros del cielo, venid todos y ayudadme a recoger. Las buenas en el puchero; las malas en el caldero."

Two white doves entered by the kitchen window; then two turtle-doves; and finally all the birds of the sky began to flutter around the fireplace. They eventually lowered themselves into the ashes, and put all the good lentils on the dish.

Entraron por la ventana de la cocina dos palomas blancas, y después dos tórtolas y por último comenzaron a revolotear alrededor del hogar todos los pájaros del cielo, que acabaron por bajarse a la ceniza; y pusieron todas las lentejas buenas en los platos.

Then the girl carried the dishes to her stepmother, believing she would permit her to go to the party, but she said: "It is totally useless; you cannot come, for you have no clothes and do not know how to dance; they will laugh at us."

Entonces la chica llevó los platos a su madrastra, creyendo la permitiría ir a la fiesta, pero le dijo: "Todo es inútil, no puedes venir, porque no tienes vestido y no sabes bailar; se reirían de nosotras.

On this, she turned her back and hurried away with her two proud daughters.

Entonces le volvió la espalda y se marchó con sus orgullosas hijas.

As she was alone in the house, Cinderella went to her mother's grave beneath the tree, and began to cry out: "Little tree, give me a dress; make it be of gold and silver, and of beautiful cloth."

En cuanto quedó sola en casa, fue la Cenicienta al sepulcro de su madre, debajo del árbol, y comenzó a decir: "Arbolito pequeño, dame un vestido; que sea, de oro y plata, muy bien tejido."

The bird then gave her a gold and silver dress, and slippers embroidered with silver and silk; she then put on the dress and went to the party.

El pájaro la dio entonces un vestido de oro y plata y unos zapatos bordados de plata y seda; en seguida se puso el vestido y se marchó a la fiesta;

Her sisters and stepmother did not recognise her: they thought she was some foreign princess, for she looked so beautiful in the golden dress. They never once thought of Cinderella, believing that she was sitting at home picking out lentils.

sus hermanas y madrastra no la conocieron, creyendo sería alguna princesa extranjera, pues les pareció muy hermosa con su vestido de oro, y ni aun se acordaban de la Cenicienta, creyendo estaría mondando lentejas sentada en el hogar.

The King's son went to meet her, took her by the hand, and danced with her. He did not allow anyone else the chance to

7

dance, since he never let go of her hand; and if anyone else came to invite her, he said to them, "This is my partner."

Salió a su encuentro el hijo del rey, la tomó de la mano y bailó con ella, no permitiéndola bailar con nadie, pues no la soltó de la mano, y si se acercaba algún otro a invitarla, le decía: "es mi pareja."

She danced until dawn, and then decided to leave. The prince said to her: "I will depart and accompany you..." However, she took leave, and sprang into the pigeon-loft. The King's son then waited until her father came, and then he told him that the foreign maiden had leapt into the pigeon-loft.

Bailó hasta el amanecer y entonces decidió marcharse; el príncipe le dijo: "Iré contigo y te acompañaré..." pero ella se despidió y saltó al palomar, entonces aguardó el hijo del rey a que fuera su padre y le dijo que la doncella extranjera había saltado al palomar.

The old man wondered if it could be Cinderella. He brought a pickaxe and a hammer, in order to knock down the loft. However, no one was inside.

El anciano creyó que debía ser la Cenicienta; trajeron una piqueta y un martillo para derribar el palomar, pero no había nadie dentro;

When they reached Cinderella's home, they found her sitting at the fireplace in her dirty cloths – Cinderella had entered and then very quietly left the loft, ran to her mother's grave and took off her beautiful dress, (which the bird took,) and then, wearing her grey petticoat, went and sat in the kitchen.

y cuando llegaron a la casa de la Cenicienta, la encontraron sentada en el hogar con sus sucios vestidos; pues la Cenicienta había entrado y salido muy ligera en el palomar y corrido hacia el sepulcro de su madre, donde se quitó los hermosos vestidos que se llevó el pájaro y después se fue a sentar con su basquiña gris a la cocina.

The next day, when the time came for the festivities to start afresh, (and her parents and sisters had left,) Cinderella ran up to the tree and said: "Little tree, give me a dress; make it be of gold and silver, and of beautiful cloth."

Al día siguiente; cuando llegó la hora en que iba a principiar la fiesta y se marcharon sus padres y hermanas, corrió la Cenicienta junto al arbolito y dijo: "Arbolito pequeño, dame un vestido; que sea, de oro y plata, muy bien tejido."

The bird then gave her a dress that was much more beautiful than the one from the day before; and when she presented herself at the festival in such an outfit, everyone was left amazed by her extraordinary beauty.

El pájaro la dio entonces un vestido mucho más hermoso que el del día anterior y cuando se presentó en la fiesta con aquel traje, dejó a todos admirados de su extraordinaria belleza;

The prince, who was waiting, took her by the hand and danced with her all night long. When anyone came to invite her to dance, he said: "She is my partner."

el príncipe que la estaba aguardando la cogió de la mano y bailó toda la noche con ella; cuando iba algún otro a invitarla, decía: "Es mi pareja."

As dawn approached she wanted to leave, but the King's son followed her to see which house she entered into. However, all of a sudden she slipped into the garden behind the house.

Al amanecer manifestó deseos de marcharse, pero el hijo del rey la siguió para ver la casa en que entraba; pero de pronto se metió en el jardín de detrás de la casa.

In it was a very tall and beautiful tree, on which hung impressive pears. Cinderella clambered up into its branches, and the prince could not see where she had gone.

Había en él un hermoso árbol muy grande, del cuál colgaban hermosas peras; la Cenicienta trepó hasta sus ramas y el príncipe no pudo saber por dónde había ido;

However, he waited until her father came, and said to him: "the foreign damsel has escaped from me; it seems to me she has jumped up into the pear tree."

pero aguardó hasta que vino su padre y le dijo: "La doncella extranjera se me ha escapado; me parece que ha saltado el peral."

The father wondered whether it could be Cinderella. Demanding an axe and a hatchet be brought, he knocked down the tree, but there was no one in it. When he reached the house, Cinderella was sitting by the fireplace, like the night before – for she had jumped down the other side of the tree, and had ran to her mother's grave; there she left her beautiful gown for the bird, and grabbed her grey petticoat.

El padre creyó que debía ser la Cenicienta; mandó traer una hacha y derribó el árbol, pero no había nadie en él, y cuando llegaron a la casa, estaba la Cenicienta sentada en el hogar, como la noche anterior, pues había saltado por el otro lado el árbol y fue corriendo al sepulcro de su madre, donde dejó al pájaro sus hermosos vestidos y tomó su basquiña gris.

The following day, when her parents and sisters had left, Cinderella went once more to her mother's grave, and said to the little tree: "Little tree, give me a dress; make it be of gold and silver, and of beautiful cloth."

Al día siguiente, cuando se marcharon sus padres y hermanas, fue también la Cenicienta al sepulcro de su madre y dijo al arbolito: "Arbolito pequeño, dame un vestido; que sea, de oro y plata, muy bien tejido."

The bird then gave her a dress that was much more striking and magnificent than any of the ones before, and the slippers were entirely of gold; and when she presented herself at the festival, no one had the words to express their amazement.

El pájaro la dio entonces un vestido que era mucho más hermoso y magnífico que ninguno de los anteriores, y los zapatos eran todos de oro, y cuando se presentó en la fiesta

con aquel vestido, nadie tenía palabras para expresar su
asombro;

The prince dance all the night with her, and when any one
approached to invite her, he said, "This is my partner."
el príncipe bailó toda la noche con ella y cuando se acercaba
alguno a invitarla, le decía: "Es mi pareja."

At dawn, Cinderella insisted on leaving; the prince accompanied
her; but she escaped so swiftly that he could not follow her.
Al amanecer se empeñó en marcharse la Cenicienta, y el
príncipe en acompañarla, pero se escapó con tal ligereza que
no pudo seguirla;

However, the King's son had ordered that tar be spread on the
staircase, and the left shoe of the maiden became stuck to it. The
prince saw that it was tiny, beautiful, and covered in gold.
pero el hijo del rey había mandado untar toda la escalera de
pez y se quedó pegado en ella el zapato izquierdo de la joven;
el príncipe vio que era muy pequeño, bonito y todo de oro.

The next day he went to see Cinderella's father, and said to him:
"I have decided to take as my wife she who slips nicely into this
golden shoe."
Al día siguiente fue a ver al padre de la Cenicienta y le dijo:
"He decidido sea mi esposa a la que venga bien este zapato de
oro."

The two sisters were glad, for they had pretty feet. The eldest
entered into her bedroom with the shoe, to try it on; however, she
could not insert the foot, for her toes were too big and the shoe
was very small.
Las dos hermanas se alegraron porque tenían pies hermosos;
la mayor entró en su habitación con el zapato para probarlo,
pero no se le podía meter, porque sus dedos eran demasiado
largos y el zapato muy pequeño.

Her mother gave her a knife and said: "Cut off your toes; when you are Queen you will never go on foot."

Su madre le dio un cuchillo y le dijo: "Córtate los dedos, pues cuando seas reina no irás nunca a pie."

The young lady cut off her toes, put the shoe on the foot, and hiding her pain, she went out to meet with the King's son. Then he lifted her onto his horse, as if she was his bride, and then departed with her.

La joven se cortó los dedos; metió el zapato en el pie, ocultó su dolor y salió a reunirse con el hijo del rey, que la subió a su caballo como si fuera su novia, y se marchó con ella;

However, she had to pass near the grave of her stepfather's first wife. Sitting on the tree were two pigeons, and they began to say: "Do not go ahead; wait a moment and see; the shoe is too small, and this bride is not the owner."

pero tenía que pasar por el lado del sepulcro de la primera mujer de su padrastro. Sentado en el árbol había dos palomas, que comenzaron a decir: "No sigas más adelante; detente a ver un instante; que el zapato es muy pequeño y esa novia no es su dueño."

He stopped, looked at her feet, and saw blood running. He then turned his horse, and returned to the fake bride's house. He said that she was not the one he requested, and to try the shoe on the other sister.

Se detuvo, la miró los pies y vio correr la sangre; volvió su caballo, condujo a su casa a la novia fingida y dijo no era la que había pedido, que se probase el zapato la otra hermana.

The sister went into her bedroom, and her foot started slipping nicely into the shoe, but the heel was too thick. Her mother then handed her a knife and said: "Cut off a piece of the heel; for when you are Queen, you will never go by foot."

Entró ésta en su cuarto y se le metió bien por delante, pero el talón era demasiado grueso; entonces su madre la alargó un cuchillo y le dijo: "Córtate un pedazo del talón, pues cuando seas reina, no irás nunca a pie."

The young woman cut a bit of the heel off, put her foot in the shoe, and concealing the pain, went out to see the King's son. He raised her up onto his horse – as if she were his sweetheart – and left with her. When they passed in front of the tree, the two pigeons cried out: "Do not go ahead; wait a moment and see; the shoe is too small, and this bride is not the owner."

La joven se cortó un pedazo de talón, metió un pie en el zapato, y ocultando el dolor, salió a ver al hijo del rey, que la subió en su caballo como si fuera su novia y se marchó con ella; cuando pasaron delante del árbol, las dos palomas gritaron: "No sigas más adelante; detente a ver un instante; que el zapato es muy pequeño y esa novia no es su dueño."

He stopped, looked at her feet, and saw blood running; so he turned his horse and took the fake bride to her home.

Se detuvo, la miró los pies, y vio correr la sangre, volvió su caballo y condujo a su casa a la novia fingida.

"This is also not the one I seek," he said; "do you have another daughter?"

"Tampoco es esta la que busco," dijo; "¿Tenéis otra hija?

"No," replied the husband; "from my first wife I have a poor girl that we call Cinderella – for she is always in the kitchen – but she cannot be the bride that you seek."

"No," contestó el marido; "de mi primera mujer tuve una pobre chica, a que llamamos la Cenicienta, porque está siempre en la cocina, pero esa no puede ser la novia que buscáis."

The King's son insisted on seeing her, but the mother replied: "No... no, she is far too dirty for me to dare show you."

El hijo del rey insistió en verla, pero la madre le replicó: "No, no, está demasiado sucia para atreverme a enseñarla."

However, he insisted that she come out, and so they had to call Cinderella.

Se empeñó sin embargo en que saliera y hubo que llamar a la Cenicienta.

First, she washed her face and hands, and then went out and presented herself to the prince, who handed her the golden slipper.

Se lavó primero la cara y las manos, y salió después a presencia del príncipe que la alargó el zapato de oro;

She sat on her bench, pulled off the heavy clog from her foot, and put on the shoe – it fitted perfectly. When she rose and the prince looked in her face, he recognised the beautiful maiden that had danced with him; and he said: "This is my real sweetheart."

se sentó en su banco, sacó de su pie el pesado zueco y se puso el zapato que la venía perfectamente, y cuando se levantó y el príncipe le miró el rostro, reconoció a la hermosa doncella que había bailado con él, y dijo: "Esta es mi verdadera novia."

The stepmother and the two sisters turned white with rage, but the prince simply helped Cinderella onto his horse, and left with her; and when they passed in front of the tree, the two white doves said: "Proceed, prince; go on without stopping for a moment, for now you have found the owner of the little shoe."

La madrastra y las dos hermanas se pusieron pálidas de ira, pero el príncipe asistió a Cenicienta en su caballo, y marchó con ella; y cuando pasaban por delante del árbol, dijeron las dos palomas blancas: "Sigue, príncipe, sigue adelante sin parar un solo instante, pues ya encontraste el dueño del zapatito pequeño."

After saying this, they came flying down and placed themselves on Cinderella's shoulders, one on the right and the other on the left.

Después de decir esto, echaron a volar y se pusieron en los hombros de la Cenicienta, una en el derecho y otra en el izquierdo.

When the wedding was to take place, the false sisters came to partake in the celebrations, and to accompany the bride and groom to the church – the elder went on the right; the younger on the left. The pigeons came and pecked the eldest in the right eye, and the youngest in the left eye.

Cuando se verificó la boda, fueron las falsas hermanas a acompañarla y tomar parte en su felicidad, y al dirigirse los novios a la iglesia, iba la mayor a la derecha y la menor a la izquierda; y las palomas picaron la mayor en el ojo derecho y la menor en el ojo izquierdo;

On their return, the eldest was on the left and the youngest on the right; and the pigeons picked each girl in the other eye, leaving them totally blind for life – for their hypocrisy and jealousy.

a su regreso se puso la mayor a la izquierda y la menor a la derecha, y las palomas picaron a cada una en el otro ojo, quedando ciegas toda su vida por su falsedad y envidia.

Rapunzel

Rapunzel

There was once a couple who had wanted a child for a long time, until finally the wife gave in to hoping that God would fulfil her desires.

Había en una ocasión un matrimonio que deseaba hacía mucho tiempo tener un hijo, hasta que al fin dio la mujer esperanzas de que el Señor quería se cumpliesen sus deseos.

In the couples bedroom there was a small window, offering views of a beautiful garden in which were found all kinds of flowers and vegetables.

En la alcoba de los esposos había una ventana pequeña, cuyas vistas daban a un hermoso huerto, en el cual se encontraban toda clase de flores y legumbres.

It was, however, surrounded by a high wall, and no one dared to go into it because it belonged to a witch who was very powerful and feared by everyone.

Se hallaba empero rodeado de una alta pared, y nadie se atrevía a entrar dentro, porque pertenecía a una hechicera muy poderosa y temida de todos.

One day the woman was by this window and looking into the garden when she saw a bed planted with rampion, and it looked so fresh and green that she felt a craving to eat it.

Un día estaba la mujer a la ventana mirando al huerto en el cual vio un cuadro plantado de verdezuelas, y la parecieron tan verdes y tan frescos, que sintió antojo por comerlos.

The desire increased day by day, and as she did not know how to satisfy it, she became sad, pale, and sickly looking.

Creció su antojo de día en día y, como no ignoraba que no podía satisfacerle, comenzó a estar triste, pálida y enfermiza.

Being worried, her husband asked: "What is wrong, my dear wife?"

Preocupado, el marido la preguntó: "¿Qué hay de malo, querida esposa?"

"Oh," she replied, "if I cannot eat some of the rampion that is behind our house, I will surely die."

"¡Oh!" le contestó, "si no puedo comer verdezuelas de los que hay detrás de nuestra casa, me moriré de seguro."

The husband loved his wife a lot, and thought to himself: "Before I allow my wife to die, I will bring her some rampion, and it is God's will what then happens."

El marido que la quería mucho, pensó para sí. "Antes de consentir en que muera mi mujer, la traeré el verdezuela, y sea lo que Dios quiera."

At dusk he jumped the wall into the garden of the sorceress, quickly grabbed a handful of rampion, and took it to his wife, who immediately made a salad with it, and ate it with an enthusiastic appetite.

Al anochecer saltó las paredes del huerto de la hechicera, cogió en un momento un puñado de verdezuela, y se lo llevó a su mujer, que hizo enseguida una ensalada y se lo comió con el mayor apetito.

However, she developed such a taste for it, that the next day her appetite to again eat it increased considerably. She could have no rest if her husband did not go once more into the garden.

Pero la supo tan bien, tan bien, que al día siguiente tenía mucha más gana todavía de volverlo a comer, no podía tener descanso si su marido no iba otra vez al huerto.

In the evening he did so, but he became very much afraid, for the sorceress was in the garden.

Fue por lo tanto al anochecer, pero se asustó mucho, porque estaba en él la hechicera.

"How dare you," she said angrily, "come into my garden and steal my rampion like a thief. Do you not know that misfortune will come to you?"

"¿Cómo te atreves," le dijo encolerizada, "a venir a mi huerto y a robarme mi verdezuela como un ladrón? ¿No sabes que puede venirte una desgracia?"

"Ah," he answered, "forgive my audacity, for I have done it out of necessity. My wife has seen your rampion from the window, and she craved it in such a manner that she would have died if she had not had some to eat."

"¡Ah!" la contestó, "perdonad mi atrevimiento, pues lo he hecho por necesidad. Mi mujer ha visto vuestro verdezuela desde la ventana, y se le ha antojado de tal manera que moriría si no lo comiese."

Softening her anger the witch then said to him: "If it is as you say, take as much rampion as you like, but on one condition: you have to give me the child that your wife gives birth to. She will lack nothing, and I will care for her as if I were her mother."

La hechicera le dijo entonces deponiendo su enojo: "Si es así como dices, coge cuanto verdezuela quieras, pero con una condición: tienes que entregarme el hijo que dé a luz tu mujer. Nada le faltará, y le cuidaré como si fuera su madre."

Though pained, the husband consented, and when the child was born, it was presented to the witch, who gave the little girl the name Rapunzel (which means rampion,) and took her away.

El marido se comprometió con pena, y en cuanto vio la luz su hijo le presentó a la hechicera, que puso a la niña el nombre de Rapunzel (que significa verdezuela) y se la llevó.

Rapunzel was the most beautiful creature that had ever been beneath the sun.

Rapunzel era la criatura más hermosa que ha habido bajo el sol.

When she was twelve years old, the sorceress locked her in a tower in the middle of a forest. It had neither stairs nor a door, but only a little, high window.

Cuando cumplió doce años, la hechicera la encerró en una torre en medio de un bosque, la cual no tenía escalera ni puerta, sino únicamente una ventana muy pequeña y alta.

When the sorceress wanted to enter, she placed herself below the window and said: "Rapunzel, Rapunzel, let down your hair for me;" for Rapunzel had long and beautiful tresses, as fine as spun gold.

Cuando la hechicera quería entrar se ponía debajo de ella y decía: "Rapunzel, Rapunzel, suéltame tu cabellera;" pues Rapunzel tenía unos cabellos muy largos y hermosos y tan finos como el oro hilado.

As soon as she heard the voice of the witch, she untied her braids and let them fall from atop the window – that was more than twenty yards from the ground – and the witch then climbed up them.

Apenas oía la voz de la hechicera, desataba su trenza, la dejaba caer desde lo alto de su ventana, que se hallaba a más de veinte varas del suelo y la hechicera subía entonces por ellos.

However, it happened – after a couple of years had gone by – that a King's son passed through this forest. On approaching the tower, he heard such a sweet, soft song that he stopped to listen.

Pero sucedió, trascurridos un par de años, que pasó por aquel bosque el hijo del rey y se acercó a la torre en la cual oyó un cántico tan dulce y suave que se detuvo escuchándole.

It was Rapunzel passing the time in solitude, entertaining herself by repeating the most engaging songs in her sweet voice.

Era Rapunzel que pasaba el tiempo en su soledad entreteniéndose en repetir con su dulce voz las más agradables canciones.

The King's son had wanted to enter, and sought the door to the tower, but could not find it.

El hijo del rey hubiera querido entrar, y buscó la puerta de la torre, pero no pudo encontrarla.

He returned home, but the singing had touched his heart in such a manner that he went every day into the forest to listen to it.

Regresó a su casa, pero el cántico había penetrado de tal manera en su corazón, que iba todos los días al bosque a escucharle.

Once, when he was thus standing behind a tree, he saw that an enchantress came there, and he heard her say: "Rapunzel, Rapunzel, let down your hair for me."

Una vez, mientras que oculta bajo un árbol, vio que llegaba una hechicera, y la oyó decir: "Rapunzel, Rapunzel, suéltame tu cabellera."

Rapunzel then let down her braids, and the enchantress climbed up by it.

Rapunzel dejó entonces caer su cabellera y la hechicera subió por ella.

"If this is the ladder by which one climbs," said the prince, "I want also to try my fortune;" and the next day, when it began to grow dark, he approached the tower and cried: "Rapunzel, Rapunzel, let down your hair for me."

"Si es esa la escalera por que se sube," dijo el príncipe, "quiero yo también probar fortuna." Y al día siguiente, cuando empezaba a anochecer se acercó a la torre y dijo: "Rapunzel, Rapunzel, suéltame tu cabellera."

Immediately the hair fell down, and the King's son climbed up.

Enseguida cayeron los cabellos y subió el hijo del rey.

At first Rapunzel was startled when she saw a man enter, for her eyes had never encountered one. However, the King's son began

20

to speak to her with the utmost kindness. He told her that her singing had moved his heart in such a manner that he had not had a moments rest since then; and he had therefore set out to see her, and speak with her.

Al principio se asustó Rapunzel cuando vio entrar un hombre, pues sus ojos no habían visto todavía ninguno, pero el hijo del rey comenzó a hablarla con la mayor amabilidad, y la refirió que su cántico había conmovido de tal manera su corazón, que desde entonces no había podido descansar un solo instante y se había propuesto verla y hablarla.

With this, Rapunzel's fear disappeared, and when he asked her if she wanted to marry him, and she saw that he was young and handsome, she thought to herself: "I love him much more than the old witch."

Desapareció con esto el miedo de Rapunzel y cuando la preguntó si quería casarse con él, y vio que era joven y buen mozo, pensó entre sí: "Le querré mucho más que a la vieja hechicera."

She said yes to him, and pressed her hand into his, while adding: "I would very much like to go with you, but I do not know how to get down. Each time you come, bring me some silk chords. By these, I will make a ladder; and when it is sufficiently long, I can descend, and you can take me away on your horse."

Le dijo que sí, y estrechó su mano con la suya, añadiendo: "De buena gana me marcharía contigo, pero ignoro cómo he de bajar; siempre que vengas tráeme cordones de seda con los cuales iré haciendo una escala, y cuando sea suficientemente larga, bajaré, y me llevarás en tu caballo."

They agreed that he should come by night, for the witch came in the day. The witch did not suspect anything, until one day Rapunzel said: "Tell me, grandma, how is it that it takes you so long to climb up, while the King's son is by my side in a moment?"

21

Convinieron en que iría todas las noches, pues la hechicera iba por el día. La bruja no sospechó nada, hasta que un día Rapunzel dijo: "Dime, abuelita ¿cómo es que tardas tanto tiempo en subir, mientras el hijo del rey llega en un momento a mi lado?"

"Ah, mischievous thing!" replied the witch. "What is it that I hear?! I thought I had hidden you from everyone, and you have deceived me!"

"¡Ah, pícara!" la contestó la hechicera. "¡Qué es lo que oigo! ¡Yo que creía haberte ocultado a todo el mundo, y me has engañado!"

In her anger she grasped Rapunzel's beautiful locks, gave them a couple of turns around her left hand, and taking a pair of scissors with the right, cut them off – the beautiful braids fell to the floor. Her fury was so extreme that she took poor Rapunzel into the desert, where she was condemned to live in sadness and misery.

Cogió encolerizada los hermosos cabellos de Rapunzel, los dio un par de vueltas a su mano izquierda, tomó unas tijeras con la derecha, y tris, tras, los cortó, cayendo al suelo las hermosas trenzas; y llegó a tal extremo su furor que llevó a la pobre Rapunzel a un desierto, donde la condenó a vivir entre lágrimas y dolores.

The same day that the enchantress discovered Rapunzel's secret, she took the tresses that she had cut, and secured them to the window. When the prince came and said 'Rapunzel, Rapunzel, let down your hair for me', he found them hanging.

El mismo día en que la hechicera descubrió el secreto de Rapunzel, ella tomó los cabellos que se había cortado, y les aseguró a la ventana. Cuando el príncipe llegó y dijo 'Rapunzel, Rapunzel, suéltame tu cabellera', los encontró colgando.

The King's son ascended, but he did not find his dearest Rapunzel. He found himself face to face with the sorceress, who looked at him wickedly.

El hijo del rey subió entonces, pero no encontró a su querida Rapunzel; él se encontró cara a cara con la hechicera, que lo miraba con malicia.

"Hello there," she said, mocking him; "you have come to seek your little darling, but the bird is no longer in its nest, and will sing no more. I have taken her from her cage, and your eyes will see her no more. Rapunzel is lost to you; you will never find her."

"¡Hola!" le dijo burlándose, "vienes a buscar a tu queridita, pero el pájaro no está ya en su nido y no volverá a cantar; le han sacado de su jaula y tus ojos no le verán ya más. Rapunzel está perdida para ti; no la encontrarás nunca."

The prince felt a most profound grief, and in his despair, he leapt from the tower. He was fortunate not to lose his life, but the thorns into which he fell pierced his eyes.

El príncipe sintió el dolor más profundo y en su desesperación saltó de la torre; tuvo la fortuna de no perder la vida, pero las zarzas en que cayó le atravesaron los ojos.

He began to wander blind through the forest, eating nothing but roots and herbs, and doing nothing but lament and mourn the loss of his dear partner.

Comenzó a andar a ciegas por el bosque, no comía más que raíces y hierbas, y sólo se ocupaba en lamentarse y llorar la pérdida de su querida esposa.

He roamed like this for some years in utter misery, until he finally came to the desert where Rapunzel lived in constant anguish.

Vagó así durante algunos años en la mayor miseria, hasta que llegó al final desierto donde vivía Rapunzel en continua angustia.

23

He heard her voice, and thought he recognised it. He went straight up to her. She recognised him, and fell on his neck and wept.

Oyó su voz y creyó conocerla; fue derecho hacia ella. Ella lo reconoció, y cayó sobre su cuello y lloró.

The tears that hit his eyes returned them to their former clarity – he could see as before. He led her to his kingdom, where they were received with great joy, and they lived happily and contented for many years.

Las lágrimas que batearon sus ojos, les devolvieron su antigua claridad y volvió a ver como antes. La llevó a su reino donde fueron recibidos con grande alegría, y vivieron muchos años dichosos y contentos.

Sleeping Beauty
La Bella Durmiente

Many years ago, there lived a King and Queen, who said every day: "Ah, if only we had a child!" Despite this, no child was born.

Hace muchos años vivía un rey y una reina, que decían todos los días: "¡Ay, si tuviéramos un hijo!" – y no les nacía ninguno;

However, one time, while the Queen was bathing, a frog jumped into the water; it said to her: "Before one year ends, you will see your wish fulfilled: you will have a daughter."

pero una vez, estando la reina bañándose, saltó una rana en el agua, la cual le dijo: "Antes de un año verás cumplido tu deseo, y tendrás una hija."

What the frog predicted soon came true, for the Queen gave birth to a baby girl. She was so beautiful that the King was full of joy, and arranged for a great feast. He invited not only relatives, friends, and acquaintances, but also the fairies, such that the child would receive kindness and high morals.

No tardó en verificarse lo que había predicho la rana, pues la reina dio a luz una niña tan hermosa, que el rey, lleno de alegría, ignoraba que hacerse y dispuso un gran festín, al cual invitó no sólo a sus parientes, amigos y conocidos, sino también a las hadas para que la niña fuese amable y de buenas costumbres.

There were thirteen fairies in his kingdom, but since he only had twelve golden plates, one of them could not attend the banquet.

Había trece hadas en su reino, pero como sólo tenía doce platos de oro, una de ellas no podía asistir al banquete.

The feast took place with great splendour, and when it came to an end, the fairies gave the child their special gifts.

El banquete se llevó a cabo con gran esplendor, y cuando llegó
a su fin, las hadas dieron el niño sus regalos especiales:

This one gave virtue, that one gave beauty, a third gave riches, and so on, such that she was granted everything in the world she could have desired.

ésta la virtud, aquella la hermosura, la tercera las riquezas, y
así la concedieron todo cuanto puede desearse en el mundo;

However, no sooner had the eleventh spoke when the thirteenth suddenly entered – she was seeking revenge for not having been invited. Without greeting or looking at anyone, she cried out in a loud voice: "The princess shall prick herself with a spindle on her fifteenth birthday, and will die immediately." And she left the room without saying another word.

mas apenas había hablado la undécima, entró de repente la
decimotercera, deseosa de vengarse porque no la habían
convidado, y sin saludar ni mirar a nadie, dijo en alta voz: "La
princesa se herirá con un huso al cumplir los quince años y
quedará muerta en el acto." Y salió de la sala sin decir otra
palabra.

Everybody was shocked; however, the twelfth then entered – she had not yet offered her gift. Not being able to avoid the evil that her companion had predicted, she tried to modify it. She thus said: "The princess will not die, but will fall into a deep sleep for the period of one century."

Todo el mundo se sorprendió, pero entró enseguida la
duodécima que no había hecho aún su regalo; no pudiendo
evitar el mal que había predicho su compañera, procuró
modificarle y dijo: "La princesa no morirá, pero estará
sumergida en un profundo sueño por espacio de un siglo."

The King, who wanted his beloved daughter to avoid any possible kind of misfortune, gave the orders that all the spindles in the kingdom be burnt.

El rey, que quería evitar a su querida hija todo género de desgracias, dio la orden de que se quemasen todos los husos de su reino;

In the meantime, the young girl was adorned with all the graces that the fairies had granted her; for she was very beautiful, friendly, gracious, and wise – such that all who saw the girl felt the greatest affection for her.

Mientras tanto, la joven se hallaba adornada de todas las gracias que la habían concedido las hadas, pues era muy hermosa, amable, graciosa y sabio, de manera, que cuantos la veían, sentían hacia ella el mayor cariño.

However, on the same day that she turned fifteen, the King and Queen were not at home, and the girl was alone in the palace.

Sin embargo, en el mismo día en que cumplió los quince años, el rey y la reina no estaban en casa, y la chica estaba sola en el palacio.

The girl began to tour the vast abode. She was eager to know what it contained, and saw, one after the other, all the rooms, until she finally came to a very high tower.

La chica comenzó a recorrer la vasta morada; estaba deseosa de saber lo que contenía, y vio una tras otra todas las habitaciones, hasta que llegó a una torre muy elevada.

The young woman climbed a narrow staircase and came to a door, which she opened without delay. She saw a little room, in which was an old woman spinning laboriously on her spindle.

La joven subió una estrecha escalera y llegó a una puerta, la cual no se tardó en abrir. Vio una pequeña habitación, donde se hallaba una anciana con su huso hilando con la mayor laboriosidad.

"Good day, madam," said the King's daughter; "what are you doing there?"

"Buenos días, señora," dijo la hija del rey, "¿Qué haces ahí?"

"I am spinning," replied the old woman, and nodded her head.

"Estoy hilando," contestó la anciana, y asintió con la cabeza.

"What is it that moves so lightly?" the girl continued saying; and she went to grab the spindle and put it to spinning. However, just as she touched it the spell came into effect, and she pricked a finger.

"¿Qué es eso que se mueve con tanta ligereza?" continuó diciendo la niña; y fue a coger el huso para ponerse a hilar; pero apenas le había tocado, se realizó el encanto, y se pinchó un dedo.

At that same moment, she collapsed and fell into a profound sleep. This sleep extended over the whole palace.

En el mismo momento, se desplomó y cayó en un profundo sueño. Este sueño se extendió sobre todo el palacio.

The King and Queen, who had entered the palace in that same moment, went to sleep – and the whole court with them.

El rey y la reina, que habían entrado en el palacio en aquel mismo momento, se quedaron dormidos; y toda la corte con ellos;

The horses, too, went to sleep in the stable; and the dogs in the yard, the pigeons upon the roof, the flies on the wall;

también se durmieron los caballos en la cuadra, los perros en el patio, las palomas en el techo, las moscas en la pared;

even the fire that that glowed in the fireplace stopped burning; the food ceased to cook; and the cook and the servants went to sleep at last – such that no one was left awake.

y incluso el fuego que ardía en el chimenea dejó de arder, y la comida cesó de cocer, y el cocinero y los sirvientes se durmieron por último, para que no quedase nadie despierto.

The wind stopped blowing; nor did a leaf stir on the trees around the palace.

El viento dejó de soplar; ni una hoja se movía en los árboles alrededores del palacio.

Without much delay, a hedge of thorns sprouted and grew around the palace. Each day it grew higher, until it encircled it completely – such that not even the roof could be seen. Only the elders of the land could provide any information about the beautiful 'Rose with thorns' (Briar-rose) that was asleep there; and so it was that the princess became known by this name.

No tardó mucho en nacer y crecer un zarzal en torno de aquel palacio, el cual fue haciéndose más grande cada día hasta que le cercó por completo, de manera que ni aun su techo se veía, y solo los ancianos del país podían dar alguna noticia de la hermosa Rosa-con-espinas que se hallaba allí dormida; pues con este nombre era conocida la princesa;

From time to time princes' would come and try to penetrate through the brush at the palace. However, they found it impossible: the thorns were tightly interlocked. The youths became caught by them, and often could not free themselves – such that they died there.

y de tiempo en tiempo venían algunos príncipes que querían penetrar a través de la zarza en el palacio, pero les era imposible, pues las espinas se cerraban fuertemente, y los jóvenes quedaban cogidos por ellas, no pudiendo muchas veces soltarse, de modo que morían allí.

After many years, a prince came to the region. He heard an old man talking about the thorn hedge, behind which was a palace, and in it slept (since the previous century) a beautiful princess called Briar-rose; and with her slept the King and Queen, and all the court.

Después de muchos años un príncipe llegó a la región. Oyó un anciano hablando sobre el seto de espinos, detrás de la cual había un palacio, en el que dormía desde el siglo anterior una hermosa princesa, llamada Rosa-con-espinas, y con ella estaban dormidos el rey y la reina y toda la corte.

He also added having heard from his grandfather that many princes' had already tried to cross through the thorny hedge, but could not pass. They became trapped and died a painful death.

Añadió además haber oído decir a su abuelo que muchos príncipes habían tratado ya de atravesar por el zarzal, pero no podían pasar. Ellos quedaron atrapados y murieron una muerte dolorosa.

The youth then said, "I have no fear; I shall go and see the beautiful Rose-with-thorns."

Entonces dijo el doncel: "Yo no tengo miedo; iré y veré a la bella Rosa-con-espinas."

The old man tried to distract him from his purpose, but seeing that he could not, left him to entertain his luck.

El buen anciano quiso distraerle de su propósito, pero viendo no lo conseguía, le dejó entregarse a su suerte.

However, just then one hundred years had passed. The day had come for the beautiful Briar-rose to awaken.

Pero precisamente entonces habían trascurrido los cien años. Había llegado el día de la hermosa Rosa-con-espinas a despertar.

When the prince came to the hedge, he found it had turned into a beautiful rose bush. It opened by itself to let him pass, and then closed afterwards.

Cuando se acercó el príncipe a la zarza, la halló convertida en un hermoso rosal que abriéndose por sí mismo le dejó pasar, y cerró después.

He came to the stable and saw the dogs and horses sleeping. He looked up at the ceiling and saw the pigeons with their heads under their wings. When he entered the palace, he noticed that the flies were asleep on the walls. In the kitchen, the cook was in the act of talking to the servants; and the maid was near a rooster that seemed about to sing.

Llegó a la cuadra y vio dormidos a los perros y caballos, miró el techo y vio a las palomas con sus cabezas bajo sus alas, y cuando entró en el palacio, notó que las moscas estaban dormidas sobre las paredes. En la cocina, el cocinero estaba en el acto de hablar con los sirvientes; y la criada estaba cerca de un gallo que parecía dispuesto a cantar.

He went on a little further, and in the great hall saw the whole court lying asleep, and the King and Queen were sleeping on their throne.

Él siguió un poco más lejos, y en el gran salón vio a toda la corte yaciendo dormido, y el rey y la reina estaban durmiendo en su trono.

Then he went a little further, and all was so quiet that he could hear his own breath.

Entonces se fue un poco más allá, y todo estaba tan silencioso que se podía oír su propia respiración.

At last he came to the tower and opened the door of the little room where Briar-rose was asleep.

Al fin llegó a la torre, y abrió la puerta de la pequeña habitación donde Rosa-con-espinas estaba dormido.

There she lay, and she was so beautiful that he could not take his eyes off her.

Allí yacía, y ella era tan hermosa que no podía apartar los ojos de ella.

He bent down and gave her a kiss. However, as soon as he kissed her, Briar-rose opened her eyes, awoke, and looked at him quite sweetly.

Se inclinó y le dio un beso. Sin embargo, tan pronto como él la besó, Rosa-con-espinas abrió los ojos, despertó, y lo miró muy dulcemente.

Then they descended together; and the King and the Queen awoke, along with the whole court. They looked at each other in great astonishment.

Entonces descendieron juntos, y el rey y la reina despertaron, junto con toda la corte. Se miraron unos a otros con gran asombro.

The horses in the stable stood up and began to neigh; the dogs jumped up and wagged their tails.

Los caballos en el establo se levantaron y comenzaron a relinchar; los perros saltaron y menearon sus colas.

The pigeons on the roof pulled out their heads from under their wings, looked around, and flew into the countryside.

Las palomas en el techo sacaron sus cabezas de debajo de sus alas, miraron alrededor y volaron hacia el campo.

The flies on the wall crept again. The fire in the kitchen came to life, and cooked the food; the cook gave a slap to each servant; and the maid awoke to the crowing of the rooster.

Las moscas de la pared revolotearon de nuevo. El fuego en la cocina volvió a la vida, y se coció la comida; el cocinero le dio una bofetada a cada siervo; y la criada despertó al canto del gallo.

The wedding of the prince and Briar-rose was celebrated with great splendour, and they lived happily to the end of their days.

La boda del príncipe y Rosa-con-espinas se celebró con gran esplendor, y vivieron felices hasta el fin de sus días.

Little Red-Cap
Caperucita Roja

There was once an adorable girl who was loved by everyone, but most of all by her grandmother. Once she gave her a little red cap. She never wanted to wear anything else, so everybody began to call her 'Little Red-Cap'.

Había una vez una chica adorable que era amado por todos, pero sobre todo por su abuela. Una vez que ella le dio una pequeña gorra roja. Ella nunca quería usar otra cosa, así que todo el mundo empezó a llamarla 'Caperucita Roja'.

One day her mother told her, "Come, Little Red-Cap, here is a piece of cake and a bottle of wine. Take them to your grandmother; she is ill and weak, and this will help her.

Un día su madre le dijo: "Ven, Caperucita Roja, aquí tengo un pedazo de pastel y una botella de vino. Llévalos a tu abuela; ella está enferma y débil, y esto le ayudará.

Now go early, before it gets hot; and walk carefully on the path; do not turn off the path; do not fall and break the bottle – else there will be nothing left for your grandmother.

Ahora hay que ir temprano, antes de que haga calor, y caminar con cuidado en el camino; no te apartes del camino; no te vayas a caer y romper la botella: no habrá nada para su abuela.

And when you go to her bedroom do not forget to say, 'Good morning'; oh, and do not go snooping around the room."

Y cuando entres a su dormitorio no olvides decirle, 'Buenos días'; ah, y no andes curioseando por todo el aposento."

"Don't you worry, I will do everything properly," said Little Red-Cap; she took the things, and said goodbye affectionately.

"No te preocupes, haré bien todo," dijo Caperucita Roja; tomó las cosas, y se despidió cariñosamente.

The grandmother lived out in the woods, around a kilometre from her home. No more had Little Red-Cap entered the woods – always staying on the trail – when she met with a wolf.

La abuela vivía en el bosque, cerca de un kilómetro de su casa. Y nadie más había Caperucita Roja entró en el bosque – siempre en el camino – cuando se encontró con un lobo.

Little Red-Cap did not know that this creature could do any harm, and did not have any fear of him.

Caperucita Roja no sabía que esa criatura pudiera hacer algún daño, y no tuvo ningún temor de él.

"Good morning, Little Red-Cap," said the wolf.

"Buenos días, Caperucita Roja," dijo el lobo.

"Good morning," said the girl.

"Buenos días", dijo la niña.

"Where are you going so early, Little Red-Cap?"

"¿Adónde vas tan temprano, Caperucita Roja?"

"To my grandma's house."

"A la casa de mi abuelita."

"And what are you carrying in that basket?"

"¿Y qué llevas en esa canasta?"

"Cake and wine; yesterday was baking day, so my poor sick grandmother is to have something good to strengthen her."

"Pastel y vino. Ayer fue día de hornear, así que mi pobre abuelita enferma va a tener algo bueno para fortalecerse."

"And where does your grandmother live, Little Red-Cap?"

"¿Y adonde vive tu abuelita, Caperucita Roja?"

"About half a kilometre further into the woods. Her house is under three large trees. Surely you have seen it," replied Little Red-Cap innocently.

34

*"Alrededor de la mitad un kilómetro más adentro en el bosque.
Su casa está bajo tres grandes árboles. Seguramente usted ha
visto," respondió Caperucita Roja inocentemente.*

The wolf said quietly to himself, "What a tender creature! What
a nice snack; and she will be tastier than the old woman. I am
going to catch them both."

*El lobo se dijo en silencio a sí mismo: "¡Qué criatura tierna!
¡Qué buen aperitivo; y ella será más sabroso que la anciana!
Me voy a coger a los dos."*

He then accompanied Little Red-Cap a little way on the path,
and said to her, "Little Red-Cap, look at the pretty flowers. Why
don't you go and pick some of them?

*Luego acompañó a Caperucita Roja un poco más en el camino,
y luego le dijo: "Caperucita Roja, mira las flores bonitas. ¿Por
qué no vas y recoger algunos de ellas?*

I also think that you have not realized how sweetly the birds are
singing. You are going in such a hurry on the track as if you are
off to school, while the whole forest is full of wonders."

*Y yo creo también que no te has dado cuenta de lo dulce que
cantan los pajaritos. Es que vas tan apurada en el camino
como si fueras para la escuela, mientras que todo el bosque
está lleno de maravillas."*

Little Red-Cap raised her eyes, and when she saw the sun's rays
dancing here and there through the trees; saw the pretty flowers
growing everywhere; and heard the birds singing, she thought,
"I suppose I could take some of those fresh flowers to my
grandmother. Anyhow, it is still early, and it will not be a
problem if I am a little late – provided I arrive at a good hour."

*Caperucita Roja levantó sus ojos, y cuando vio los rayos del
sol danzando aquí y allá entre los árboles; vio las bellas flores;
y oyó el canto de los pájaros, pensó: "Supongo que podría
tomar algunas de estas flores frescas a mi abuela. Además, aún*

es muy temprano y no habrá problema si me atraso un poquito,
siempre llegaré a buena hora."

Thus, she left the path and went to pick flowers. As soon as she picked one, she saw another more beautiful, and then another and another; and without realising it, went deeper into the forest.
Y así, ella se salió del camino y se fue a cortar flores. Y cuando cortaba una, veía otra más bonita, y otra y otra, y sin darse cuenta se fue adentrando en el bosque.

Meanwhile the wolf used this time to run straight to the grandmother's house, and knocked at the door.
Mientras tanto el lobo aprovechó el tiempo y corrió directo a la casa de la abuelita y tocó a la puerta.

"Who is it?" wondered the grandmother.
"¿Quién es?" preguntó la abuelita.

"Little Red-Cap," replied the wolf. "I bring cake and wine; open the door please."
"Caperucita Roja," contestó el lobo. "Traigo pastel y vino. Abra la puerta, por favor."

"Lift the latch," yelled the grandmother, "I am very weak, and cannot get up."
"Levante el pestillo," gritó la abuela, "estoy muy débil y no me puedo levantarme."

The wolf lifted the latch, opened the door; and without saying a word more, he went straight to the grandmother's bed, and swallowed her in one mouthful.
El lobo levantó el pestillo, abrió la puerta, y sin decir una palabra más, se fue directo a la cama de la abuelita y se la tragó de un bocado.

Then he put on her clothes and bonnet, got into bed, and drew the curtains.

Y enseguida se puso ropa de ella, se colocó un gorro, se metió en la cama y cerró las cortinas.

Meanwhile, Little Red-Cap had been collecting flowers, and when she saw that she had gathered so many that she could not carry any more, she remembered her grandmother, and set out on the path toward her.

Mientras tanto, Caperucita Roja se había quedado colectando flores, y cuando vio que tenía tantas que ya no podía llevar más, se acordó de su abuelita y se puso en camino hacia ella.

When she arrived, she was surprised to find the door open; and when she went into the house, she had such a strange feeling that she said to herself, "Oh, I feel very uncomfortable at the moment, and I usually like being with grandmother so much."

Cuando llegó, se sorprendió al encontrar la puerta abierta, y al entrar a la casa, sintió tan extraño presentimiento que se dijo para sí misma: "Oh, me siento muy incómodo en la actualidad, y otras veces que me ha gustado tanto estar con abuelita."

Then she called out, "Good morning," but there was no answer, so she went into the bedroom and drew back the curtains.

Entonces gritó: "¡Buenos días!" pero no hubo respuesta, así que fue al dormitorio y abrió las cortinas.

There lay her grandmother with her cap covering her face, and looking very strange.

La abuela parecía estar allí, con su gorro cubriéndole toda la cara, y con una apariencia muy extraña.

"Oh, grandma!" she said, "what big ears you have!"

"¡Oh, abuela!" dijo, "qué orejas tan grandes que tienes."

"It is to hear you better, my child," was the reply.

"Es para oírte mejor, mi niña," fue la respuesta.

"But grandma, what big eyes you have!"

"Pero abuela, qué ojos tan grandes que tienes."

"They are to see you better, my dear."
"Son para verte mejor, querida."

"But, grandmother, what large hands you have!"
"Pero abuelita, qué brazos tan grandes que tienes."

"The better it is to hug you."
"Para abrazarte mejor."

"And what a big mouth you have!"
"Y qué boca tan grande que tienes."

"The better it is to eat you!"
"Para comerte mejor."

When the wolf had said this, he jumped out of the bed and ate Little Red-Cap too.
Cuando el lobo hubo dijo esto, saltó de la cama y comió Little Red también.

Then the wolf decided to take a nap, and returned to the bed. Once asleep, he began to snore loudly.
Entonces el lobo decidió tomar una siesta, y volvió a la cama. Una vez dormido, empezó a roncar fuertemente.

By chance, a hunter was passing by there at that moment, heard the loud snores, and thought, "The old woman snores very loudly. I will see if she needs any help."
Un cazador que por casualidad pasaba en ese momento por allí, escuchó los fuertes ronquidos y pensó, "La anciana ronca muy fuerte. Voy a ver si necesita alguna ayuda."

So he entered the bedroom, and when he approached the bed, he saw the wolf lying there.
Entonces ingresó al dormitorio, y cuando se acercó a la cama vio al lobo acostado allí.

"So I find you here, old sinner!" he said. "For some time I have sought you!"

"¡Así que te encuentro aquí, viejo pecador!" dijo él. "¡Hacía tiempo que te buscaba!"

He was just about to fire his gun at him, when it occurred to him that the wolf might have devoured the old woman, and that she might still be saved, so he decided not to fire. Instead, he took a pair of scissors, and began to cut open the stomach of the sleeping wolf.

Y ya se disponía a disparar su arma contra él, cuando pensó que el lobo podría haber devorado a la vieja y que aún podría ser salvada, por lo que decidió no disparar. En cambio, tomó unas tijeras y empezó a cortar el vientre del lobo durmiente.

He made one cut, and saw a red cap. He made two cuts, and a little girl came out, shouting, "I was so scared. It was very dark inside the wolf." Then the grandmother came out. Fortunately, she was alive too.

Él hizo un corte, y vio una gorra roja. Él hizo dos cortes, y una niña salió gritando: "Yo estaba muy asustada. Estaba muy oscuro dentro del lobo." Entonces la abuela salió. Afortunadamente ella estaba viva también.

Little Red-Cap quickly brought some big stones, and the hunter filled the wolf's stomach with them. When the wolf woke up, he tried to run. However, the stones were so heavy that he fell down dead.

Caperucita Roja trajo rápidamente algunas piedras grandes, y el cazador llena el estómago del lobo con ellos. Cuando el lobo despertó, trató de correr. Sin embargo, las piedras eran tan pesadas que cayó muerto.

The three people felt elated. The hunter took away the wolf's skin, and went home with it. The grandmother ate the cake and drank the wine that Little Red-Cap had brought, and she revived.

However, Little Red-Cap thought to herself, "As long as I live, I will never stray from the path."

Las tres personas se sintieron felices. El cazador le quitó la piel al lobo y se la llevó a su casa. La abuela comió el pastel y bebió el vino que le trajo Caperucita Roja y se reanimó. Pero Caperucita Roja solamente pensó: "Mientras vivo, yo nunca desviarse del camino."

It is also related that once Little Red-Cap was carrying cake to her grandmother, another wolf spoke to her, and tried to make her leave the path.

También se cuenta que una vez que Caperucita Roja llevaba pastel a su abuela, otro lobo le habló, y trató de hacerla salir del camino.

However, Little Red-Cap was on guard, and continued on her way.

Sin embargo, Caperucita Roja estaba en guardia, y siguió su camino.

Upon arrival, she told her grandmother that she had met with another wolf, and that he had greeted her with 'good morning'; but with such a suspicious look, that if she had not been on a public track, she was certain he would have eaten her up.

Al llegar, le contó a su abuelita que se había encontrado con otro lobo y que la había saludado con 'buenos días'; pero con una mirada tan sospechosa, que si no hubiera sido porque ella estaba en la vía pública, de seguro que se la hubiera tragado.

"Well," said the grandmother, "we will shut the door properly, such that he cannot enter."

"Bueno," dijo la abuela, "cerraremos bien la puerta, de modo que no puede entrar."

After a while, the wolf came and knocked on the door, and cried, "Grandma, open the door. It is Little Red-Cap, and I bring some cakes."

Al cabo de un rato el lobo llegó y tocó a la puerta, y gritó: "¡Abuela, abre la puerta! Es Caperucita Roja, y traigo unos pasteles."

However, they were silent and did not open the door. The wolf began walking around the house. Then it jumped on the roof: to wait for Little Red-Cap to return home, and then eat her in the darkness.

Pero ellas callaron y no abrieron la puerta. El lobo comenzó a caminar alrededor de la casa. Luego saltó sobre el techo, que esperar a Caperucita Roja para volver a casa, y luego comérsela en la oscuridad.

However, the grandmother well knew his bad intentions.

Pero la abuela conocía muy bien sus malas intenciones.

In front of the house was a big trough, so she said to the child, "Yesterday I made a rich sauce. Put the sauce in the trough."

Al frente de la casa había un gran comedero, así que le dijo a la niña: "Ayer hice una salsa rica. Ponga la salsa en el comedero."

Thus, Little Red-Cap filled the trough with the sauce.

Así, Caperucita Roja llena el comedero con la salsa.

The delicious smells began to reach the nose of the wolf, and he started to walk towards the exquisite scent.

Y empezaron aquellos deliciosos aromas a llegar a la nariz del lobo, y empezó a aspirar y a caminar hacia aquel exquisito olor.

He walked up to the edge of the roof, and stretched his head, such that he slipped and fell headlong, exactly into the centre of the boiling pot, thus drowning and cooking immediately.

Y caminó hasta llegar a la orilla del techo y estiró tanto su cabeza que resbaló y cayó de bruces exactamente al centro de la olla hirviente, ahogándose y cocinándose inmediatamente.

Little Red-Cap returned safely to her home, and thereafter always took care not to fall into the traps of those who seek to do harm.

Y Caperucita Roja retornó segura a su casa y en adelante siempre se cuidó de no caer en las trampas de los que buscan hacer daño.

Hansel and Gretel

Hansel and Gretel

At one time there lived a poor woodcutter who had two children: a boy called Hansel and a girl called Grethel. He had entered into another marriage after the mother of the children had died.

Érase una vez un leñador muy pobre que tenía dos hijos: un niño llamado Hansel, y una niña llamada Gretel. Había entrado en un nuevo matrimonio después de que la madre de los niños falleciera.

The woodcutter loved his children very much, but one day a terrible famine struck the region.

El leñador quería mucho a sus hijos, pero un día una terrible hambruna asoló la región.

With practically nothing to eat, one night the woodcutter's wicked second wife said to him, "The four of us cannot survive another winter.

Con prácticamente nada que comer, una noche la malvada esposa del leñador le dijo: "Los cuatro de nosotros no podremos sobrevivir otro invierno.

When we leave for work in the morning, we will take the children to the deepest part of the forest.

Cuando salgamos a trabajar por la mañana, nos llevaremos a los niños a la parte más profundo del bosque.

We will give them a piece of bread, and then leave them there - they will never find their way home."

Les daremos un pedazo de pan, y luego los dejaremos allí – nunca encontrarán el camino a casa."

The woodcutter rejected this idea because he loved his children, and knew that if he left them in the forest they would die from hunger or be devoured by wild beasts.

El leñador se negó a esta idea porque amaba a sus hijos y sabía que si los dejaba en el bosque morirían de hambre o devorados por las fieras;

However, the wife said to him, "You fool, do you not realise that if we do not leave the children in the forest, then all four of us will die of hunger?!"

pero su esposa le dijo: "Tonto, ¿no te das cuenta que si no dejas a los niños en el bosque, entonces los cuatro moriremos de hambre?"

The wicked woman was so insistent that she finally convinced her husband to abandon the children in the forest.

Y tanto insistió la malvada mujer, que finalmente convenció a su marido de abandonar a los niños en el bosque.

Fortunately, the children were still awake, and listened to everything that the parents had planned.

Afortunadamente los niños estaban aún despiertos y escucharon todo lo que planearon sus padres.

"Grethel," said Hansel to his sister, "do not worry yourself; I already have a solution."

"Gretel" dijo Hansel a su hermana: "No te preocupes; yo ya tengo una solución."

The following morning everything happened as was planned.

A la mañana siguiente todo ocurrió como se había planeado.

The woman got the children up very early, and gave each a piece of bread; and the four of them began the walk into the woods.

La mujer levantó a los pequeños muy temprano, les dio a cada uno un pedazo de pan, y los cuatro emprendieron la marcha hacia el bosque.

What the woodcutter and his wife did not know was that during the night Hansel had gone out into the garden to stuff his pockets with white pebbles; and now, while walking, he was slowly and stealthily dropping pebble after pebble, forming a path to avoid being lost in the forest.

Lo que el leñador y su mujer no sabían era que durante la noche, Hansel había salido al jardín para llenar sus bolsillos de guijarros blancos, y ahora, mientras caminaban, lenta y sigilosamente fue dejando caer guijarro tras guijarro formando un camino que evitaría que se perdieran dentro del bosque.

When they arrived at the most wooded part, they lit a fire, sat the children on a fallen tree, and said to them, "Wait here until we have finished our work."

Cuando llegaron a la parte más boscosa, encendieron un fuego, sentaron a los niños en un árbol caído y les dijeron, "Aguarden aquí hasta que terminemos de trabajar."

The children waited for many hours – until it became dark. They remained quietly beside the fire, for they heard a 'clap-clap' in the distance, and believed their father was working nearby.

Los niños esperaron durante varias horas – hasta que se hizo oscuro. Ellos permanecieron en silencio junto al fuego, porque oían un 'clap-clap' en la distancia, y creían que su padre estaba trabajando cerca.

However, they were unaware that their stepmother had attached a branch to a tree: to make the 'clapping' noise as it was moved by the wind.

Pero ignoraban que su madrastra había atado una rama a un árbol para que hiciera ese ruido al ser movida por el viento.

When the night became very dark, Grethel decided that it was time to return, but Hansel said to her that they must wait for the moon to come out – and so they did. When the moon rose, it illuminated the white pebbles left by Hansel – it was as if they had a silver path before them.

Cuando la noche se hizo más oscura Gretel decidió que era tiempo de volver, pero Hansel le dijo que debían esperar que saliera la luna y así lo hicieron; cuando la luna iluminó los guijarros blancos dejados por Hansel fue como si hubiera delante de ellos un camino de plata.

The following morning the two children knocked on their father's door. "We have returned!" shouted the children. The stepmother was furious, but the woodcutter was immensely happy, for he had been deeply saddened by what he had done.

A la mañana siguiente los dos niños golpearon la puerta de su padre; "¡Hemos llegado!" gritaron los niños; la madrastra estaba furiosa, pero el leñador se alegró inmensamente, porque lamentaba mucho lo que había hecho.

The four of them lived together for some time more, but in just a short time, a famine – even more terrible than the last – returned to devastate the region.

Vivieron nuevamente los cuatro juntos un tiempo más, pero a los pocos días, una hambruna aún más terrible que la anterior volvió a devastar la región.

The woodcutter did not want to be separated from his children, but once again his wife convinced him that it was the only solution.

El leñador no quería separarse de sus hijos pero una vez más su esposa lo convenció de que era la única solución.

For a second time the children overheard the talk; but this time Hansel could not go out and collect pebbles: the stepmother had shut the door with the key such that the children could not escape.

Los niños oyeron esto una segunda vez, pero esta vez Hansel no pudo salir a recoger los guijarros porque su madrastra había cerrado con llave la puerta para que los niños no se pudieran escapar.

"No problem," Hansel said to Grethel: "Do not worry yourself; I will think of something in the morning;" yet the sun had not yet risen when the four left the house.

"No importa" le dijo Hansel a Gretel: "No te preocupes, que algo se me ocurrirá mañana;" aún no había salido el sol cuando los cuatros dejaron la casa.

All along the path, Hansel was dropping little crumbs from the bread the wicked stepmother had given them prior to departure.

Hansel fue dejando caer todo a lo largo del camino las miguitas del pan que la malvada madrastra le habían dado antes de partir.

Once again they were left beside the fire, in the deepest part of the forest. They waited for a long time, just sitting there. When it became very dark, they wanted to return home...

Una vez más se quedaron junto al fuego, en lo más profundo del bosque, y esperaron mucho tiempo allí sentados. Cuando se hizo oscuro, quisieron volver a casa.

Oh! What a great surprise overwhelmed the children when they saw that the forest birds had eaten all the breadcrumbs dropped by Hansel.

Oh! Qué gran sorpresa abrumada a los niños cuando vieron que los pájaros del bosque habían comido todas las migajas lanzadas por Hansel.

Alone, with great hunger and full of fear, the two children had found themselves in a dense and dark forest, and they could not find a way out.

Solos, con mucha hambre y llenos de miedo, los dos niños se encontraron en un bosque espeso y oscuro del que no podían hallar la salida.

Wandering for many hours they finally came across a clearing. On looking there, they discovered a marvel much grander than what they could ever have imagined: a house made of candy!

Vagaron durante muchas horas hasta que por fin, encontraron un claro donde sus ojos descubrieron la maravilla más grande que jamás hubiesen podido imaginar: ¡una casita hecha de dulces!

The roof was made of chocolate; the walls of marzipan; the windows of caramel; the doors of nougat; and the path of sweets.

El techo estaba hecho de chocolate, las paredes de mazapán, las ventanas de caramelo, las puertas de turrón, el camino de confites;

"A veritable delicacy!" said Hansel, who then ran towards the house saying to his sister, "Come Grethel; I will eat some of the roof, and you can eat some of the windows!"

"¡un verdadero manjar!" dijo Hansel, quien corrió hacia la casita diciendo a su hermana: "¡Ven Gretel, yo comeré del techo y tu podrás comerte las ventanas!"

The children pounced on the house, and began to devour it.

Los niños se abalanzaron sobre la casa y comenzaron a devorarla.

"I see that you want to eat my house," said the witch; "well now I am going to eat you;" and she took them prisoner.

"Veo que quieren comer mi casa," dijo la bruja; "bueno, ahora voy a comerte;" y ella los tomó prisioneros.

She examined them: "You, the girl," she said, looking at Grethel; "you will help me in the kitchen. I want to fatten up the boy. He is too skinny to eat."

Ella los examinó: "Tu, la niña," dijo, mirando a Gretel, "tú me ayudar en la cocina. Quiero engordar al niño. Él es demasiado delgado para comer."

The witch ignored Grethel's tears. She took Hansel and shoved him in a tiny room.

La bruja ignoró las lágrimas de Gretel. Tomó Hansel y lo empujó en una pequeña habitación.

One night, while the witch slept, the children began to create a plan.

Una noche mientras la bruja dormía los niños empezaron a crear un plan.

"As the witch is very short-sighted," said Grethel, "when she asks you to show her one of your fingers to feel if you are fat, pass this bone between the bars of the cage. The witch will feel the bone, and decide to wait a little longer." They were both in agreement with the idea.

"Como la bruja es muy corta de vista," dijo Gretel, "cuando ella le pide que mostrarle uno de sus dedos para sentir si usted es gordo, pasar este hueso entre los barrotes de la jaula. La bruja sentirá el hueso, y decidirá que esperar un poco más." Ambos estuvieron de acuerdo con la idea.

However, and as was expected, this situation could not last for ever, and one bleak day the witch screamed, "I am tired of waiting for this child to fatten; eating and eating all day long, and still he is as skinny as the day he arrived."

Sin embargo, y como era de esperarse, esa situación no podía durar por siempre, y un mal día la bruja vociferó: "Ya estoy cansada de esperar que este niño engorde. Come y come todo el día y sigue flaco como el día que llegó."

Then she lit a gigantic furnace, and yelled out to Grethel, "get into it to see if it is hot;" but the child – knowing that in reality the witch wanted to trap her inside to eat her too – replied to her: "I do not know how to do it."

Entonces ella encendió un gigantesco horno, y le gritó a Gretel, "métete dentro para ver si está caliente;" pero la niña, que sabía que en realidad lo que la bruja quería era atraparla dentro para comérsela también, le replicó: "No sé cómo hacerlo."

"Get away," shouted the witch, waving her hands from side to side, and hurling curses to the right and left. "I am very frustrated," she said. "You are such a fool. It is the easiest thing in the world. I will show you how to do it." Then she slipped into the oven.

"Quítate," grito la bruja, moviendo los brazos de lado a lado y lanzando maldiciones a diestra y siniestra. "Estoy muy frustrado," le dijo. "Tú eres un idiota. Es la cosa más fácil del mundo. Yo te mostraré cómo hacerlo." Entonces se metió en el horno.

Grethel, without a moment's hesitation, closed the door and left the witch trapped there. She screamed loudly, and demanded, "Let me out."

Gretel, sin dudar un momento, cerró la puerta y dejó la bruja atrapada allí. Ella gritó en voz alta, y preguntó: "Déjame salir."

On that day, the witch burnt to death in her own trap.

Ese día, la bruja quemada hasta la muerte en su propia trampa.

Grethel then ran to her brother, and liberated him from his prison.

Gretel entonces corrió a su hermano, y lo liberó de su prisión.

Then the children saw that the wicked witch's house had big bags full of precious stones and pearls.

Entonces los niños vieron que la casa de la bruja malvada tenía grandes bolsas llenas de piedras preciosas y perlas.

Then they filled their pockets as much as they could, and hastily left the bewitched forest.

Llenaron sus bolsillos lo más que pudieron y a toda prisa dejaron aquel bosque embrujado.

They walked and walked without rest, and finally found their father's house.

Caminaron y caminaron sin descanso, y finalmente encontraron la casa de su padre.

When he saw them, he was filled with joy; for since the day he had abandoned them not a single day had passed without him regretting his decision.

Cuando él los vio, se llenó de alegría, porque desde que los había abandonado no había pasado un solo día sin que lamentase su decisión.

The children ran and hugged him, and once they had reunited, he told them that the malevolent wife had died and would never return to harm them. The children then remembered, and emptied their pockets in front of the incredulous eyes of their father.

Los niños corrieron a abrazarlo y, una vez que se hubieron reencontrado, les contó que la malvada esposa había muerto y que nunca más volvería a lastimarlos, los niños entonces recordaron y vaciaron sus bolsillos ante los incrédulos ojos de su padre.

The suffering was over, and life was good.

El sufrimiento había terminado, y la vida era buena.

The Frog Prince

El Príncipe Rana

In old times there lived a King whose daughters were all beautiful, but the youngest was more beautiful than the sun itself.

En los viejos tiempos, vivía un rey cuyas hijas eran todas muy hermosas, pero la más pequeña era más hermosa que el mismo sol.

Near the King's palace was a large and dense forest, and in the forest, under an old tree, was a spring.

Cerca del palacio del rey había un bosque grande y espeso, y en el bosque, bajo un árbol viejo, había una fuente;

When it was very hot, the King's daughter went to the forest and sat by the side of the fresh spring.

cuando hacía mucho calor, la hija del rey iba al bosque y se sentaba a la orilla de la fresca fuente.

If she had a lot of time she used to take a golden ball, and throw it up high and then catch it on its return – this being her favourite game.

Si ella tenía mucho tiempo, llevaba una bola de oro, que tiraba a lo alto y la volvía a coger, siendo este su juego favorito.

Now it happened on one occasion that the princess's golden ball did not fall into her hands – when it was tossed up high – but rather, fell to the ground, and from there rolled into the water.

Pero sucedió una vez que la bola de oro de la princesa no cayó en sus manos, cuando la tiró a lo alto, sino que fue a parar al suelo y de allí rodó al agua.

The King's daughter followed it with her eyes, but it disappeared, and the spring was very deep – so deep that the bottom could not be seen.

La hija del rey la siguió con los ojos, pero la bola desapareció, y la fuente era muy honda, tan honda que no se veía su fondo.

Then she began to cry, and she cried louder and louder, and could not be consoled.

Entonces comenzó a llorar, y lloraba cada vez más alto y no podía consolarse.

As she thus lamented, a voice called out to her, "What ails the daughter of the King? You weep in such a way as to soften even a stone."

Y cuando se lamentaba así, le dijo una voz: "¿Qué tienes, hija del rey, que te lamentas de modo que puedes enternecer a una piedra?

She looked around to see where the voice came from, and saw a frog stretching forth its ugly. "Ah! It is you, old 'puddle splash'?" she said; "I weep for my golden ball, which I have dropped into the spring."

Miró entonces a su alrededor, para ver de dónde salía la voz, y vio una rana que sacaba del agua su asquerosa cabeza: "¡Ah! ¿Eres tú, vieja 'charco chapoteo'?" le dijo; "lloro por mi bola de oro, que se me ha caído a la fuente."

"Calm yourself down, and do not weep," the frog answered her; "I can get it out; but, what will you give me if I return your toy to you?"

"Tranquilízate y no llores" le contestó la rana; "yo puedo sacarla, pero ¿qué me das, si te devuelvo tu juguete?"

"Whatever you want, dear frog," she said to him: "my clothes, my pearls and precious stones, and even the golden crown that I am wearing."

"Lo que quieras, querida rana," le dijo: "mis vestidos, mis perlas y piedras preciosas y hasta la corona dorada que llevo puesta."

The frog replied: "Your clothes, your pearls and precious stones, and your golden crown are of no use to me. However, if you promise to love me and keep me by your side as a friend and companion in your games; seat me beside you at your table; give me drinks from your golden glass; let me eat from your plate; and let me sleep in your bed, I will go down to the bottom of the spring, and bring you your golden ball."

La rana contestó: "Tus vestidos, tus perlas y piedras preciosas y tu corona de oro no me sirven de nada; pero si me prometes amarme y tenerme a tu lado como amiga y compañera en tus juegos, sentarme contigo a tu mesa, darme de beber en tu vaso de oro, de comer en tu plato y acostarme en tu cama, yo bajaré al fondo de la fuente y te traeré tu bola de oro."

"Ah!" she said to him; "I promise you everything that you want, if you can bring me back my golden ball."

"¡Ah!" le dijo; "te prometo todo lo que quieras, si me devuelves mi bola de oro."

She, however, thought to herself, "How to chat with this poor frog – for he sings in the water among his equals, and figures he can be a companion to human beings?!"

Pero pensó para sí: "¡Cómo charla esa pobre rana! Porque canta en el agua entre sus iguales, se figura que puede ser compañera de los hombres."

The frog, as soon as he had received the promise, dipped his head into the water, sank to the bottom; and after a while appeared again, carrying the ball in his mouth – which he tossed on the grass.

La rana, en cuanto hubo recibido la promesa, hundió su cabeza en el agua, bajó al fondo y un rato después apareció de nuevo, llevando en la boca la bola, que arrojó en la yerba.

The King's daughter – full of joy in seeing her beautiful toy – grabbed it, and went away skipping.

La hija del rey, llena de alegría en cuanto vio su hermoso juguete, le cogió y se marchó con él saltando.

"Wait, wait!" cried the frog. "Take me with you; I cannot run like you."

"¡Espera, espera!" gritó la rana. "Llévame contigo; yo no puedo correr como tú."

However, it was of little use, for the princess ran home and very quickly forgot the poor frog – who had to remain in the spring.

Sin embargo, sirvió poco, pues la princesa no la hizo caso, corrió hacia su casa y olvidó muy pronto a la pobre rana, que tuvo que quedarse en su fuente.

The next day, when she sat at table with the King and all the courtiers, and was eating from her little golden plate, she heard something climbing up the marble staircase... such that when it made it up, it knocked on the door, and said, "Daughter of the King, the youngest one, open up for me."

Al día siguiente, cuando se sentó a la mesa con el rey y los cortesanos, y cuando comía en su plato de oro, oyó subir una cosa, por la escalera de mármol, que cuando llegó arriba, llamó a la puerta y dijo: "Hija del rey, la más pequeña, ábreme."

The princess arose to see who was outside. When she opened the door, she saw the frog.

La princesa se levantó para ver que estaba fuera. Cuando abrió la puerta, vio a la rana.

She shut the door quickly, and then sat down at the table and became very sad.

Cerró la puerta rápidamente, se sentó en seguida a la mesa y se puso muy triste.

The King, seeing her sadness, asked her, "My dear daughter, what is it? Is there some giant at the door, who has come to take you away?"

El rey al ver su tristeza la preguntó: "Hija mía, ¿qué tienes? ¿Hay a la puerta algún gigante y viene a llevarte?"

"Ah, no," she replied, "it is not a giant, but rather an ugly frog."

"¡Ah, no!" contestó; "no es ningún gigante, sino una fea rana."

"What does the frog want with you?"

"¿Qué dice la rana quiere de ti?"

"Ah, dear father! Yesterday, when I was playing in the forest, near the fountain, my golden ball fell into the water. And since I cried, the frog went to look for it – after having demanded a promise from me that he would be my companion; but I never thought he could come out of the water. Now he has just come, and wants to enter."

"¡Ay, amado padre! Cuando estaba yo ayer jugando en el bosque, junto a la fuente, mi bola de oro cayó en el agua. Y como yo lloraba, fue a buscarla la rana, después de haberme exigido promesa de que sería mi compañera; pero nunca creí que pudiera salir del agua. Ahora ha salido ya y quiere entrar."

Meanwhile, he called for a second time, saying, "Daughter of the King, the youngest, open the door for me; do you not recall that which you told me yesterday – by the cool waters of the spring? Daughter of the King, the youngest, open up."

Entre tanto llamaba por segunda vez diciendo: "Hija del rey, la más pequeña, ábreme; ¿no sabes lo que me dijiste ayer junto a la fría agua de la fuente? Hija del rey, la más pequeña, ábreme."

The King then said, "You must fulfil that which you have promised; go and open it."

Entonces dijo el rey: "Debes cumplirla lo que la has prometido, ve y ábrela."

She went and opened the door, and the frog entered, staying by her feet until she reached her chair. He settled there, and said, "Put me up onto you."

56

Fue y abrió la puerta y entró la rana, yendo siempre junto a sus pies hasta llegar a su silla. Se colocó allí y dijo: "Ponme encima de ti."

The girl wavered until the King ordered her, but when the frog was then on the chair, he said, "I want to climb up to the table… now, bring your golden plate near to me, so we can eat together."

La niña vaciló hasta que lo mandó el rey. Pero cuando la rana estuvo ya en la silla, dijo: "Quiero subir encima de la mesa… ahora acércame tu plato dorado, para que podamos comer juntas."

She did this immediately; but one could well see that she did not do it willingly. The frog ate a lot, but spilt almost half of every mouthful.

Lo hizo inmediatamente; pero se vio bien que no lo hacía de buena gana. La rana comió mucho, pero derramaba casi la mitad de cada bocado.

At last he said, "I am satisfied and tired; carry me to your little room and toss me in your bed – and we will sleep together."

Al fin dijo: "Estoy satisfecho y cansado; llévame a tu cuartito y échame en tu cama y dormiremos juntas."

The King's daughter began to cry and was so apprehensive that she could not relax beside the cold frog – who wanted to sleep in her beautiful and clean bed.

La hija del rey comenzó a llorar y receló que no podría descansar junto a la fría rana, que quería dormir en su hermoso y limpio lecho.

However, the frog became annoyed and said, "You must not despise the one who helped when you found yourself in need."

Pero el sapo se incomodó y dijo: "No debes despreciar al que te ayudó cuando te hallabas en la necesidad."

Then she grabbed him with two fingers, carried him upstairs, and placed him in a corner.

Entonces ella lo agarró con dos dedos, lo llevó arriba, y lo puso en un rincón.

However, once she was in the bed, the frog approached and said to her, "I am tired; I want to sleep as well as you; lift me up, or I will tell your father."

Pero en cuanto estuvo en la cama, la rana se acercó y le dijo: "Estoy cansado; quiero dormir tan bien como tú; súbeme, o se lo digo a tu padre."

The princess became very much annoyed, grabbed him, and threw him against the wall with all her might. "Now you will be quiet, disgusting frog."

La princesa se sintió muy molesto, lo cogió y lo tiró contra la pared con todas sus fuerzas. "Ahora descansarás, rana asquerosa."

However, after falling to the ground, the frog became the son of a King, with beautiful and kind eyes – who was from then on, by the volition of her father, her dear companion and husband.

Sin embargo, cuando la rana cayó al suelo, se convirtió en el hijo de un rey con ojos hermosos y amables, que fue desde entonces, por la voluntad de su padre, su querido compañero y esposo;

Then he said that he had been bewitched by a wicked sorceress; and no one other than her alone could release him from the spring – and that the following day they would make their way to his country.

entonces él le dijo que había sido encantado por una mala hechicera y que nadie podía sacarle de la fuente más que ella sola y que al día siguiente se marcharían a su país.

They then slept until morning, and when the sun rose, they got into a carriage drawn by seven white horses – which were wearing white feathers on their heads and had gold chains for reins. Advancing from behind was the servant of the young King; it was faithful Henry.

Entonces durmieron hasta el otro día y en cuanto salió el sol se metieron en un coche tirado por siete caballos blancos que llevaban plumas blancas en la cabeza y tenían por riendas cadenas de oro; detrás iba el criado del joven rey, que era el fiel Enrique.

(Faithful Henry was so afflicted when his master was turned into a frog that he had placed three iron rods over his heart: so as not to burst from the pain and sadness.)

(El fiel Enrique se afligió tanto cuando su señor fue convertido en rana, que se había puesto tres varillas de hierro encima del corazón para que no saltase del dolor y la tristeza.)

Faithful Henry climbed in after the couple, sat himself down behind them, and was full of joy for the freedom of his master.

El fiel Enrique subió después de ambos, se colocó detrás de ellos e iba lleno de alegría por la libertad de su amo.

When they had gone a little way, the King's son heard something ring out from behind: as if something was breaking.

Y cuando hubieron andado un poco del camino, el hijo del rey oyó una cosa que sonaba detrás, como si algo se rompía.

He therefore turned round and cried out, "Henry, the carriage has broken."

Entonces se volvió y gritó: "Enrique, el coche se ha roto."

"No, master, it did not break; it is just a rod around my heart."

"No señor, no se rompió; es sólo una varilla alrededor de mi corazón."

Something rang out again and again on the way, and the King's son kept thinking that the carriage was broken; and it was the rods that broke from around the heart of the faithful Henry, for his master was free and happy.

Todavía volvió a sonar otra vez y otra vez en el camino y el hijo del rey creía siempre que el coche se rompía, y eran las varillas que rompían de alrededor del corazón del fiel Enrique, porque su señor era libre y feliz.

The Bremen Town Musicians

Los Músicos de Brema

A poor farmer had a donkey that had served him loyally for many years, but whose strength had weakened, such that he was now no longer fit for work.

Un pobre labrador tenía un burro que le había servido lealmente durante muchos años, pero cuyas fuerzas se habían debilitado de manera que ya no servía para el trabajo.

The donkey, seeing a bad wind was blowing, escaped and took the road to Bremen.

El burro, viendo un mal viento soplaba, se escapó y tomó el camino de Brema.

"There," he thought, "I can make myself musician of the town."

"Allí," dijo, "podré hacerme músico de la municipalidad."

After he had walked for some time, he encountered (on the way) a hunting dog; it was barking like an animal weary from a lengthy run.

Después de haber andado por algún tiempo, encontró en el camino un perro de caza, que ladraba como un animal cansado de una larga carrera.

"Why do you bark so, comrade?" he said to it.

"¿Por qué ladras así, camarada?" le dijo.

"Ah!" replied the dog; "because I am old, am losing strength day by day, and cannot go hunting, my owner wanted to kill me. I have run away, but how can I manage to earn my livelihood?"

"¡Ah!" contestó el perro; "porque soy viejo, voy perdiendo fuerzas de día en día, y no puedo ir a cazar, mi amo ha querido matarme. Yo he huido, pero ¿cómo me arreglaré para buscarme la vida?"

"Don't be worried," replied the donkey; "I am going to Bremen to make of myself a musician (in the city). I will play the horn, and you shall play the drums."

"No tengas cuidado," repuso el burro; "yo voy a Brema para hacerme músico de la ciudad. Ven conmigo; yo tocaré la trompa, y tú tocarás los timbales."

The dog accepted, and they continued together on their way.

El perro aceptó y continuaron juntos su camino.

A little later they found a cat lying on the road with a very sad face.

Un poco más adelante encontraron un gato echado en el camino con una cara bien triste.

"What is it, old 'whiskered'?" the donkey asked him.

"¿Qué tienes, viejo 'bigotudo'?" le dijo el burro.

"When the head is in danger, one does not have a very good sense of humour," responded the cat; "because my age is somewhat advanced, my teeth are a little worn, and I prefer to sleep by the fireplace rather than run after rats, my master wanted to kill me. I have run away. Still, what do I do now? Where do I go?"

"Cuando la cabeza está en peligro, uno no tiene un muy buen humor," respondió el gato; "porque mi edad es algo avanzada, mis dientes están un poco gastados, y me gusta más dormir junto al hogar que correr tras los ratones, mi amo ha querido matarme. Yo he huido; pero ¿qué he de hacer ahora?, ¿adónde he de ir?"

"Go with us to Bremen. You understand nocturnal music, and like us, you will become musician in the city."

"Ven con nosotros a Brema. Tú entiendes la música nocturna, y como nosotros, tú serás un músico de la ciudad."

The cat agreed, and departed with them. Our three travellers soon passed in front of a farmyard, and on top of the gate was a rooster that crowed with all his might.

El gato acordó, y partió con ellos. Nuestros tres viajeros pronto pasaron delante de un corral, y encima de la puerta era un gallo que cantaba con todas sus fuerzas.

"Why are you shouting in this manner?" said the donkey.

"¿Por qué gritas de esa manera?" dijo el burro.

"I am announcing the fine weather," replied the rooster; "and since tomorrow is Sunday there is a great meal in the house; and my master, without the least compassion, has said to the cook that he will eat me with the greatest pleasure (with rice), and tonight he will have to wring my neck. So I have shouted with all my strength, and not without some satisfaction, seeing that I can still breath."

"Estoy anunciando el buen tiempo," contestó el gallo, "y como mañana es domingo hay una gran comida en casa, y mi maestro, sin la menor compasión, ha dicho a la cocinera que me comerá con el mayor gusto con arroz, y esta noche tiene que retorcerme el pescuezo. Así he gritado con todas mis fuerzas, no sin cierta satisfacción, viendo que respiro todavía."

"Red-crest," said the donkey, "come with us to Bremen; go to any place and you will find something better than death. You have a fine voice, and when we sing together, we will make an admirable concert."

"Cresta roja," dijo el burro; "vente con nosotros a Brema; en cualquier parte encontrarás una cosa algo mejor que la muerte. Tú tienes buena voz, y cuando cantemos juntos, haremos un concierto admirable."

The rooster accepted the proposal, and all four departed together. However, they could not reach the city of Bremen on that day;

at nightfall, they stopped in a forest – where they decided to spend the night.

El gallo aceptó la propuesta, y los cuatro partieron juntos; pero no podían llegar en aquel día a la ciudad de Brema; al anochecer pararon en un bosque, donde decidieron pasar la noche.

The donkey and the dog laid themselves down under a large tree; the cat climbed into the tree; and the rooster flew to the highest branch, where it was thought most safe.

El burro y el perro se colocaron debajo de un árbol muy grande; el gato se subió al árbol; y el gallo voló a la rama más alta, donde se creía más seguro.

Before falling asleep, the rooster looked all around. He saw a light in the distance, and said to his companions that there must be a house nearby.

Antes de dormirse, el gallo miró a su alrededor. Vio una luz en la distancia, y dijo a sus compañeros que debía haber una casa cercana.

"If so," said the donkey, "we must go there, for this hotel is not to my taste."

"Si es así," dijo el burro, "debemos ir allí, pues este hotel no es de mi gusto."

To which the dog added, "Indeed, some bones with a little meat on them would not do me any harm."

A lo cual añadió el perro: "En efecto, no me vendrían mal algunos huesos con su poco de carne."

They headed toward the point from where the light came from – promptly seeing it brilliant and enlarged – until at last they came to a very well lit house of thieves.

Se dirigieron hacia el punto de donde salía la luz; no tardaron en verla brillar y agrandarse, hasta que al fin llegaron a una casa de ladrones muy bien iluminada.

The donkey, who was bigger than the others, approached the house and looked in.

El burro, que era el más grande de todos, se acercó a la casa y miró dentro.

"What can you see, grey donkey?" asked the rooster.

"¿Qué es lo que ves, gris burro?" preguntó el gallo.

"What can I see?" said the donkey. "I see a table full of delicacies and drinks, and thieves enjoying themselves."

"¿Qué puedo ver?" dijo el burro. "Veo una mesa llena de manjares y bebidas, y los ladrones se divierten."

"What good business that would be for us," added the rooster.

"¡Qué buen negocio que sería para nosotros!" añadió el gallo.

"That is for sure," replied the donkey; "oh, if we were inside!"

"Eso es seguro," repuso el burro; "¡ah!, ¡si estuviéramos dentro!"

They began to think of a way to draw out the robbers, and they finally found it.

Comenzaron a idear un medio para echar de allí a los ladrones, y al fin le encontraron.

The donkey placed himself under the window, putting his front feet on the window-ledge; the dog jumped up on the donkey's back; the cat climbed atop the dog; and the rooster flew up and placed himself on top of the cat's head.

El burro se puso bajo la ventana, poniendo sus pies delanteros en el alféizar; el perro saltó sobre la espalda del burro; el gato trepó encima del perro; y el gallo voló y se colocó encima de la cabeza del gato.

On a given signal by the rooster, they began playing their music:

A una señal dada por el gallo, comenzaron tocando su música:

the donkey began to neigh, the dog to bark, the cat to meow, and the rooster to crow; after which they launched themselves through the window.

el burro comenzó a relinchar, el perro a ladrar, el gato a maullar y el gallo a cantar; después de lo cual se lanzaron por la ventana.

The robbers thought that a ghost had entered the room, and escaped into the forest.

Los ladrones pensaron que un fantasma había entrado en la habitación, y escaparon al bosque.

Then the four companions sat themselves down at the table, and ate as if they were going to fast for a month.

Entonces los cuatro compañeros se sentaron a la mesa, y comieron como si deberán ayunar un mes.

As soon as the four musicians had concluded, the lights went out, and they sought a place to sleep.

Tan pronto como los cuatro músicos habían concluido, las luces se apagaron, y buscaron un lugar para dormir.

The donkey lay down on some straw in the stable; the dog behind the door; the cat at the fireplace, close to the hot ashes; and the rooster on a beam.

El burro se acostó sobre un poco de paja en el establo; el perro detrás de la puerta; el gato en el hogar, cerca de las cenizas calientes; y el gallo en una viga del techo.

As they were tired from their long journey, they were soon asleep.

Como estaban cansados de su largo viaje, no tardaron en dormirse.

After midnight, when the robbers saw from afar that there was no light in the house, and that all appeared quiet, the captain said to them, "We are cowards."

Después de medianoche, cuando los ladrones vieron desde lejos que no había luz en la casa y que todo parecía tranquilo, les dijo el capitán: "Somos cobardes."

He sent one of them to go and see what was happening in the house.

Mandó uno de ellos para ir a ver lo que pasaba en la casa.

The messenger found it all quiet; entered the kitchen to start a light; grabbed a candle; and as the inflamed and brilliant eyes of the cat seemed to him to be two embers, he approach them to light the candle; however since the cat did not understand the joke, it leapt in his face and scratched him.

El mensajero lo halló todo tranquilo; entró en la cocina y fue a encender la luz; cogió una candela; y como los inflamados y brillantes ojos del gato le parecían dos ascuas, acercó a ellos para encender la candela; pero como el gato no entendía la broma, saltó a su cara y le arañó.

Filled with a terrible fear, the man ran towards the door; but the dog, who was lying behind it, rose up and bit him on the leg.

Lleno de un miedo terrible, el hombre corrió hacia la puerta, pero el perro, que estaba echado detrás de ella, se levantó y le mordió en la pierna.

When he passed the stable, the donkey gave him a couple of good kicks;

Cuando pasó el establo, el burro le dio un par de buenos patadas;

while the rooster, awakened by the noise, shouted out 'cock-a-doodle-doo' from the top of the beam.

mientras el gallo, despertado por el ruido, gritó '¡qui-qui-ri-quí!' desde lo alto de la viga.

The robber ran to his captain at full speed, and said to him: "In our house there is a horrible witch who has scratched me with her long nails;

El ladrón corrió hacia su capitán a toda prisa, y le dijo: "En nuestra casa hay una bruja horrible que ha arañado con sus uñas largas;

next to the door was a man armed with a very big knife, who has punctured my leg; in the stable is a big monster, who has beaten me with a club;

al lado de la puerta era un hombre armado con un cuchillo grande, que ha perforado la pierna; en el establo es un gran monstruo, que me ha golpeado con un garrote;

and on top of the roof was a judge who called out, 'bring him here; bring him here; bring him here to me;' so I ran away hastily."

y en lo alto del techo era un juez que gritaba: 'traerlo aquí, tráelo aquí, tráelo a mí;' así que corrí a toda prisa."

Since then, the thieves did not dare to enter the house; and the four musicians of Bremen liked it so much that they did not want to abandon it.

Desde entonces los ladrones no se atrevieron a entrar en la casa, y los cuatro músicos de Bremen gustaban tanto que no quisieron abandonarla.

Snow-White and Rose-Red

Blancanieve y Rojarosa

A poor woman lived in a cottage in the middle of the countryside. In a garden in front of the door were two rose bushes: one of which bore white roses, and the other, red roses.

> *Una pobre mujer vivía en una cabaña en medio del campo; en un huerto situado delante de la puerta, había dos rosales, uno de los cuales daba rosas blancas y el otro rosas rojas.*

The widow had two daughters, who were like two rose bushes. One was called Snow-white, and the other, Rose-red.

> *La viuda tenía dos hijas que se parecían a los dos rosales, la una se llamaba Blancanieve y la otra Rojarosa.*

The two girls were the most kind, obedient, and hard-working that one had yet seen in the world; although Snow-white had a more quiet and gentle character.

> *Las dos niñas eran los más amables, obediente y trabajador que se había visto nunca en el mundo; pero Blancanieve tenía un carácter más tranquilo y bondadoso.*

Rose-red preferred to run through the meadows and fields seeking flowers and butterflies.

> *Rose-red prefería correr por los prados y los campos en busca de flores y de mariposas.*

Snow-white stayed home with her mother, helped her with the housework, and read her some book when they had finished their tasks.

> *Blancanieve se quedaba en su casa con su madre, la ayudaba en los trabajos domésticos, y la leía algún libro cuando habían acabado su tarea.*

The two sisters loved each other so much that they always went hand in hand when they went out; and when Snow-white said, "We will never separate," Rose-red answered, "In our whole life;" and the mother would add, "Everything should be shared between you two."

Las dos hermanas se amaban tanto que siempre iban de la mano cuando salían; y cuando decía Blancanieve: "No nos separaremos nunca," contestaba Rojarosa: "En toda nuestra vida;" y la madre añadía: "Todo debería ser común entre vosotras dos."

They went frequently into the forest to gather wild fruits, and the animals respected them and approached them without fear.

Iban con frecuencia al bosque para coger frutas silvestres, y los animales las respetaban y se acercaban a ellas sin temor.

The hare ate from their hands; the goat grazed by their side; the deer played in front of them; and the birds sang in the trees.

La liebre comía de sus manos; la cabra pacía a su lado; el ciervo jugaba delante de ellas; y los pájaros cantaban en los árboles.

The girls never came to harm. If the night surprised them in the forest, they lay down on the moss, one beside the other, and slept until morning; their mother knew this, and was not worried.

Las chicas nunca llegaron a daño. Si la noche les sorprendía en el bosque, se acostaban en el musgo, una al lado de la otra, y dormían hasta la mañana; su madre lo sabía y no se preocupaba.

One time they passed the night in the forest. When they awoke at dawn, they saw a very beautiful child – dressed in a robe of shimmering whiteness – sitting next to them.

Una vez que pasaron la noche en el bosque. Cuando se despertaron al amanecer, vieron un niño muy hermoso – vestido con una túnica de resplandeciente blancura – sentado junto a ellas.

He got up and gave them a friendly look; then, he disappeared in the forest without saying a word.

70

*Se levantó y les dio una mirada amable; luego, desapareció en
el bosque sin decir una palabra.*

Then they saw they were lying beside a precipice, and they
would have fallen in it with just two more steps taken in the
darkness.
*Vieron entonces que se habían acostado cerca de un
precipicio, y que hubieran caído en él con solo dar dos pasos
más en la oscuridad.*

Their mother said that the child was the guardian angel of good
girls.
*Su madre les dijo que aquel niño era el Ángel de la Guarda de
las niñas buenas.*

Snow-white and Rose-red kept their mother's little cabin so clean
and neat, that it was a pleasure to see it.
*Blancanieve y Rojarosa mantenían la cabaña de su madre tan
limpia y aseada, que era un placer verla.*

Rose-red took care of the house in summer, and every morning
she laid a bouquet of flowers near her mother's bed. The bouquet
had a rose from each rose bush.
*Rojarosa cuidaba de la casa en verano, y todas las mañanas
le ponía un ramo de flores cerca de la cama de su madre. El
ramo había una rosa de cada rosal.*

In the winter, Snow-white lit the fire and hung the cauldron over
the embers; and the cauldron, which was copper, was so clean
that it shone like gold.
*Blancanieve encendía la lumbre en invierno, y colgaba el
caldero sobre las brasas; y el caldero, que era de cobre, era
tan limpio que brillaba como el oro.*

In the evening, when it snowed, the mother used to say, "Snow-
white, go and slide the bolt;" and then they sat in a corner by the
fire.

Por la noche, cuando nevaba, la madre decía: "Blancanieve, ve a echar el cerrojo," y luego se sentaban en un rincón a la lumbre;

The mother put on her spectacles and read from a large book; and the two girls listened, spinning diligently.

la madre se ponía los anteojos y leía de un libro grande; y las dos niñas escuchaban, hilando diligentemente;

A little lamb was lying close to them; and behind them slept a white dove on its perch, with its head under a wing.

cerca de ellas estaba acostado un pequeño cordero y detrás dormía una paloma blanca en su percha, con la cabeza bajo el ala.

One evening, when they were talking calmly, there was a knock at the door.

Una noche, cuando estaban hablando tranquilamente, llamaron a la puerta.

"Rose-red," said the mother, "go and open the door, for without doubt it will be some lost traveller who seeks shelter for tonight."

"Rojarosa," dijo la madre, "ve a abrir la puerta, pues sin duda será algún viajero extraviado que buscará refugio por esta noche."

Rose-red went to draw back the bolt, thinking that it was a poor man, but it was not. A big bear poked his head through the open door.

Rojarosa fue a descorrer el cerrojo, pensando que sería un hombre pobre, pero no lo era. Un oso grande asomó su cabeza por la puerta abierta.

Rose-red jumped back, screaming; the lamb began to bleat; the dove fluttered all around the room, and Snow-white ran and hid herself behind her mother's bed.

Rojarosa echó a correr dando gritos, el cordero comenzó a balar, la paloma revoloteaba por todo el cuarto, y Blancanieve corrió a esconderse detrás de la cama de su madre.

However, the bear said to them, "Fear not, I will do you no harm! I am half frozen, and only want to warm myself up a little by the fire."

Pero el oso les dijo: "No temáis, no os haré daño; estoy medio helado y sólo deseo calentarme un poco por el fuego."

"Come close to the fire, poor bear;" answered the mother, "but take care that you do not burn your coat."

"Acércate al fuego, pobre oso;" contestó la madre, "pero ten cuidado de no quemarte la piel."

Then she called out to her daughters in this manner: "Snow-white, Rose-red, come out; the bear will do you no harm; he has good intentions."

Después llamó a sus hijas de esta manera: "Blancanieve, Rojarosa, venid; el oso no os hará daño, tiene buenas intenciones."

Then the two sisters came out; and the lamb and the dove also approached little by little, and forgot their fear.

Entonces las dos hermanas vinieron; y el cordero y la paloma también se acercaron poco a poco, y olvidaron su temor.

"Children," the bear said, "do you want to shake the snow that has fallen on my coat?"

"Niñas," el oso dijo, "¿queréis sacudir la nieve que ha caído sobre mi pelaje?"

Then the girls grabbed the broom and swept the whole coat. Afterwards he stretched himself out in front of the fire, revealing with his grunts that he was pleased and satisfied.

Entonces las niñas agarraron la escoba y barrieron todo el pelaje; después se extendió delante del fuego, manifestando con sus gruñidos que estaba contento y satisfecho.

73

Before long, the girls calmed down completely; and even played with the unexpected guest:

En poco tiempo, las niñas se calmaron completamente, e incluso jugaron con el invitado inesperado:

they tugged on his hair; climbed on top of his back; rolled him around the room; and hit him with a little stick... and when he growled, they began to laugh.

le tiraban del pelo; se subían encima de su espalda; le rodaban por la habitación; y le golpearon con un palito... y cuando él gruñía, comenzaban a reír.

The bear let them do whatever they wanted, but when he saw that their games went too far, he said to them, "Let me live; do not go and kill your suitor."

El oso las dejaba hacer lo que querían, pero cuando veía que sus juegos iban demasiado lejos, les decía: "Dejadme vivir, no vayáis a matar a vuestro pretendiente.'

When they went to bed, the mother said to him, "Spend the night in front of the fireplace, for at least you will be sheltered from the cold and the bad weather."

Cuando fueron a acostarse, le dijo la madre: "Quédate ahí; pasa la noche delante de la lumbre, pues por lo menos estarás resguardado del frío y del mal tiempo."

As soon as day dawned the two children let him out, and he went into the forest trotting over the snow.

Las niñas abrieron la puerta al amanecer, y él se fue al bosque trotando sobre la nieve.

Since that day, he returned every night at the same hour, spread himself out in front of the fireplace, and the girls played with him as much as they wanted – having become accustomed in such a way to his presence, that they never slid the bolt of the door until he came.

Desde aquel día, volvía todas las noches a la misma hora, se extendía delante de la lumbre, y las niñas jugaban con él todo lo que querían, habiendo llegado a acostumbrarse de tal modo a su presencia, que nunca echaban el cerrojo a la puerta hasta que él venía.

When spring had come, and everything was green, the bear said to Snow-white, "I depart, and will not return for the whole summer."
Cuando la primavera había llegado, y todo era verde, dijo el oso a Blancanieve: "Me marcho, y no volveré en todo el verano."

"Where are you going, beloved bear?" asked Snow-white.
"¿Dónde vas, querido oso?" le preguntó Blancanieve.

"I am going into the forest. I have to protect my treasures from the wicked dwarfs.
"Me voy al bosque; tengo que proteger mis tesoros de los malvados enanos.

In the winter, when the earth is frozen hard, they are obliged to stay in their holes, unable to break through;
En el invierno, cuando la tierra está helada, se ven obligados a permanecer en sus agujeros, sin poder abrirse paso;

but now that the sun has warmed the earth, they will come out to prowl and steel;
pero ahora que el sol ha calentado ya la tierra, van a salir a merodear y robar;

that which they seize and hide in their holes does not return to see the light easily."
lo que cogen y ocultan en sus agujeros no vuelve a ver la luz con facilidad."

Snow-white felt very sad at the departure of the bear. When she opened the door, and the bear went out, it tore off some skin with the bolt.

Blancanieve sintió muy triste por la partida del oso. Cuando abrió la puerta, y el oso salió, se arrancó un poco de piel con el perno.

Snow-white thought she had seen gold shining under his skin, but she was not sure about this.

Blancanieve creyó haber visto brillar oro bajo su piel, pero no estaba segura de ello.

The bear ran off quickly, and quite soon had disappeared between the trees.

El oso huyó rápidamente, y desapareció bien pronto entre los árboles.

Some time later, the mother sent her children into the forest to collect firewood.

Algún tiempo después, la madre envió a sus hijos en el bosque a recoger leña.

They found a big tree on the ground; and near the trunk, they saw something that ran through the grass – but they could not determine what it was.

Encontraron un gran árbol en el suelo, y cerca del tronco, vieron algo que corría por la hierba – pero no podían determinar lo que era.

On approaching, they saw a dwarf with an old face and a long white beard.

Al acercarse, vieron un enano con un viejo rostro y una larga barba blanca.

He had caught the beard in a cleft of the tree. The little fellow was jumping like a dog tied to a rope.

Había cogido la barba en una hendidura del árbol. El hombrecillo saltaba como un perro atado con una cuerda.

He glared at the girls with his fiery red eyes and cried, "What are you doing just looking? Can you not come here and help me?"

Miró fijamente a las niñas con sus ardientes ojos rojos, y gritó: "¿Qué hacéis mirando? ¿Por qué no vengáis a rescatarme?"

"What is the problem, poor little man?" asked Rose-red.

"¿Cuál es el problema, pobre hombrecillo?" preguntó Rojarosa.

"You silly fool!" replied the dwarf. "I wanted to split this tree to have little pieces of wood. Our dishes are small, and big logs burn the food.

"¡Idiota tonta!" replicó el enano; "Quería partir este árbol para tener pequeños pedazos de madera. Nuestros platos son pequeñas, y grandes troncos arden la comida.

I had just driven the wedge into the wood, but the wedge was too slippery; it has jumped out unexpectedly, and the trunk has closed so suddenly that I did not have the time to withdraw my beautiful white beard – that has become entangled. Now it is trapped, and I cannot escape. Why are you laughing? How ugly you are!"

Ya había impulsado la cuña en la madera, pero la cuña era demasiado resbaladiza; ha saltado de forma inesperada, y el tronco se ha cerrado tan pronto, que no he tenido tiempo para retirar mi hermosa barba blanca que se ha quedado enredada. Ahora está atrapado, y no puedo escapar. ¿Por qué reís? ¡Qué feas sois!"

As much as the children tried, they could not remove the beard – that was caught like a screw.

Por más que hicieron las niñas no pudieron sacar la barba que estaba cogida como con un tornillo.

"I will run and find someone," said Rose-red.

"Voy a buscar gente," dijo Rojarosa.

"Call someone?!" exclaimed the dwarf in his hoarse voice. "Can you not think of something better?"
"¿Llamar gente?" exclamó el enano con su ronca voz; "¿No se os ocurre nada mejor?"

"Have a little patience," said Snow-white, "and everything will work out."
"Ten un poco de paciencia," dijo Blancanieve, "y todo se arreglará."

Taking the scissors from her pocket, she cut off the end of the beard.
Y sacando las tijeras de su bolsillo, cortó la punta de la barba.

As soon as the dwarf felt himself free, he went to grab a bag full of gold that was hidden in the roots of the tree; saying, "What animals are those creatures? Cut the tip of my lovely beard! The devil will take you."
Tan pronto el enano se vio libre, se fue a coger un saco lleno de oro que estaba oculto en las raíces del árbol, diciendo: "¿Que animales son estas criaturas? ¡Cortar la punta de mi guapa barba! El diablo os llevaréis."

Then he threw the sack on his back and left without even looking at them.
Después se echó el saco a la espalda y se marchó sin siquiera mirarlas.

Some months after, the sisters went to fish in the river.
Algunos meses después, las hermanas fueron a pescar en el río.

They saw something like a large grasshopper, hopping towards the water.
Vieron algo parecido a un saltamontes grande, saltando hacia el agua.

They began to run, and as they approached, they recognised the dwarf.

Empezaron a correr, y cuando se acercaron, reconocieron al enano.

"Where are you going?" asked Rose-red. "Is it that you want to throw yourself into the river?"

"¿A dónde vas?" preguntó Rojarosa. "¿Es que quieres lanzarte al río?"

"I am not such a fool!" exclaimed the dwarf. "Don't you see it is that damn fish that wants to drag me into the water?"

"¡No soy tan tonto!" exclamó el enano. "¿No veis que es ese maldito pez que quiere arrastrarme al agua?"

The little man had cast out the bait, but unfortunately, the wind entangled the thread in his beard.

El hombrecillo había echado el anzuelo, pero por desgracia el viento enredó el sedal en la barba del enano.

When a few moments later a big fish took the bait, it dragged the dwarf toward the water.

Cuando algunos instantes después un gran pez mordió el cebo, arrastró el enano hacia el agua.

The girls came in time to stop him, and tried to untangle his beard, but it was in vain.

Las niñas llegaron a tiempo para detenerle, y trataron a desenredar su barba, pero fue en vano.

It was necessary to again resort to the scissors, and they cut off a little from the tip.

Fue precisa recurrir otra vez a las tijeras, y cortaron un poco de la punta.

Enraged, the dwarf then exclaimed, "Idiots! Are you in the habit of disfiguring people?

Enfurecido, el enano entonces exclamó: "¡Idiotas! ¿Estáis vosotros en el hábito de desfigurar la gente?

Was it not enough to cut my beard one time? How am I going to present myself to my family?
¿No ha sido bastante con haberme cortado la barba una vez? ¿Cómo me voy a presentarme a mi familia?

I hope you have to run without shoes and hurt your feet!"
¡Espero que tengáis a correr sin zapatos y lastimar sus pies!"

Grabbing a sack of pearls that was hidden among the reeds, he took it without saying another word; and soon disappeared behind a stone.
Cogiendo un saco de perlas que estaba oculto entre las cañas, se lo llevó sin decir una palabra; y desapareció en seguida detrás de una piedra.

Shortly afterwards, the mother sent her children to the village to buy some thread, needles, and ribbons. They had to pass a wasteland full of rocks.
Poco tiempo después la madre envió a sus hijas a la aldea para comprar un poco de hilo, agujas y cintas. Tenían que pasar por un erial lleno de rocas.

There they noticed a very large bird circling in the air. After having flown above their heads for a long time, it began to drop slowly, until it finally landed near a big rock.
Allí notaron un ave muy grande que daba vueltas en el aire; y que después de haber volado largo tiempo por encima de sus cabezas, comenzó a bajar poco a poco, hasta que finalmente aterrizó cerca de una gran roca.

At the same time, they heard a loud and piercing cry.
Al mismo tiempo se oyeron un grito fuerte y penetrante.

They ran there and saw to their horror that an eagle had grabbed their old acquaintance (the dwarf), and was attempting to carry him off.

Corrieron allí y vieron con espanto que un águila había agarrado su viejo conocido (el enano); y se intentaba a llevárselo.

The children, guided by their good-natured hearts, held the dwarf with all their might, and the eagle finally let go of its prey.

Las niñas, guiadas por sus corazones bondadosos, sostuvieron al enano con todas sus fuerzas; y el águila finalmente soltó su presa.

However, when the dwarf recovered from his astonishment, he shouted at them in his grumpy voice:

Sin embargo, cuando el enano se recuperó de su sorpresa, les gritó con su voz gruñona:

"Could you not have caught me with a little more care, for you have pulled on my poor coat in such a way that it is torn and full of holes? How foolish you are!"

"¿No podíais haberme cogido con un poco más de cuidado, pues habéis tirado de tal manera que está roto y lleno de agujeros? ¡Qué torpes sois!"

Then he took a sack of precious stones, and slipped into his hole, in the middle of the rocks.

Después cogió un saco de piedras preciosas y se deslizó a su agujero, en medio de las rocas.

The girls were accustomed to his ingratitude, and so continued on their way without making it an issue – going to the village to do their shopping.

Las niñas estaban acostumbradas a su ingratitud y así continuaron su camino sin hacer caso, yendo a la aldea para hacer sus compras.

On their return, they passed through the wasteland; and they surprised the dwarf, who was emptying his sack of precious stones – believing that nobody would pass by there at that hour, for it was already very late.

A su regreso, pasaron por el desierto, y sorprendieron al enano, que estaba vaciando su saco de piedras preciosas – creyendo que nadie pasaría por allí a esa hora, pues era ya muy tarde.

The setting sun illuminated the precious stones, and they sparkled more brightly. The girls stopped to contemplate them.

El sol iluminaba las piedras preciosas, y brillaba con más intensidad. Las chicas se detuvieron para contemplarlas.

"Why do you remain there like zombies?" he said to them; and his face, ordinarily grey, was entirely red with rage.

"¿Por qué os quedáis ahí como zombis?" él las dijo, y su rostro, ordinariamente gris, estaba completamente rojo de rabia.

He was going to continue with his tirade, when a black bear came out of the forest, giving out terrible growls.

Iba a continuar con su invectiva, cuando un oso negro salió del bosque, dando terribles gruñidos.

Full of fear, the dwarf wanted to flee, but had no time to reach his hiding place, for the bear blocked his way.

Lleno de temor, el enano quería huir, pero no tuvo tiempo de llegar a su escondrijo, pues el oso le cerró el paso.

Then he pleaded with him, in a desperate tone:

Luego le suplicó, con un tono desesperado:

"Forgive me, beloved Mr Bear. I will give you all my treasures: all those jewels that you see in front of you. Grant me my life.

"Perdóname, querida señor Oso. Yo te daré todos mis tesoros: todas esas joyas que ves delante de ti. Concédeme mi vida.

What will you gain by killing a miserable dwarf like me? You would not feel me between your teeth. Eat these two wicked girls. They are tender and fat. In the name of God, eat them."

¿Qué ganarás en matar a un miserable enano como yo? No me sentirías entre los dientes. Comer estas dos muchachas malas. Ellas están tiernos y grasa. En el nombre de Dios, comerlas."

Without listening, the bear gave the wicked creature a blow with his paw, and he fell down dead.

Sin escuchar, el oso dio la criatura malvada un golpe con su pata, y cayó muerto.

The girls had run away, but the bear called out to them: "Snow-white and Rose-red, do not be afraid; wait for me!"

Las muchachas habían huido, pero el oso les gritó: "¡Blancanieve y Rojarosa, no tengáis miedo; esperarme!"

The recognised his voice and waited; and when he was near them, the bear's coat dropped suddenly; and they saw a young man dressed in a golden suit.

Reconocieron su voz y se detuvieron; y cuando estuvo cerca de ellas, el pelaje del oso cayó repentinamente; y vieron a un joven vestido con un traje dorado.

"I am a prince," he said to them; "that infamous dwarf had transformed me into a bear – after having robbed me of all my treasures.

"Soy un príncipe," él les dijo; "ese infame enano me había transformado en un oso, después de haberme robado todos mis tesoros;

I had been condemned to roam the forests in this way, until his death. Now he has received the punishment that he deserves."

Había sido condenado a vagar por los bosques bajo esta forma, hasta su muerte. Ahora ha recibido el castigo que merecía."

Snow-white married the prince, and Rose-red married his brother; and they shared the great treasures that the dwarf had amassed in his cave.

Blancanieve se casó con el príncipe, y Rojarosa se casó con su hermano, y compartieron los grandes tesoros que el enano había acumulado en su cueva.

The old mother lived for many happy years with her children.

La anciana madre vivió por muchos años felices con sus hijos.

She took the two rose bushes with her, and planted them in front of her window – where they gave beautiful white and red roses every spring.

Tomó los dos rosales con ella, y los plantó delante de su ventana – donde daban hermosas rosas blancas y rojas todas las primaveras.

The Fisherman and his Wife
El Pescador y su Mujer

Once upon a time there was a fisherman who lived with his wife in a hut at the edge of the sea. The angler went every day to cast his bait; and he cast and he cast, ceaselessly.

Había una vez un pescador que vivía con su mujer en una choza, a la orilla del mar. El pescador iba todos los días a echar su anzuelo; y le echaba y le echaba sin cesar.

One day he was sitting with his rod on the shore, looking in the clear water, when suddenly he saw the hook sink down to the bottom. Then something came to the surface. The fisherman saw it was a big catfish.

Un día estaba sentado con su caña en la orilla, mirando en el agua clara, cuando de repente vio el anzuelo hundirse hasta el fondo. Entonces algo salió a la superficie. El pescador vio que era un gran barbo.

The fish said to him, "I beg that you do not take away my life; I am not a real catfish; I am an enchanted prince. Do not kill me; release me and let me swim."

El pez le dijo: "Te suplico que no me quites la vida; no soy un barbo verdadero; soy un príncipe encantado. No me mates; libérame y déjame nadar."

"Certainly," said the Fisherman; "you did not need to say so much; a fish who knows how to talk can swim at their leisure."

"Ciertamente," le dijo el pescador; "no tenías necesidad de hablar tanto; un pez que sabe cómo hablar puede nadar a sus anchas."

The fisherman released the catfish, and it sank to the bottom, leaving behind a long trail of blood.

El pescador liberó el barbo, y se sumergió en el fondo, dejando tras sí una larga huella de sangre.

85

Then the fisherman went home to his wife.

Entonces el pescador fue a su casa con su esposa.

"My dear husband," said the woman, "you have not caught anything today?"

"Mi querido marido," le dijo, "¿no has cogido nada hoy?"

"No," replied the man, "I caught a catfish who claimed to be an enchanted prince, so I released him."

"No," contestó el marido; "cogí un barbo que decía ser un príncipe encantado, así que lo liberé."

"You did not request something for yourself?" inquired the woman.

"¿No le has pedido nada para ti?" preguntó la mujer.

"No," replied the man; "what should I have asked it?"

"No," repuso el marido; "¿y qué había de pedirle?"

"Ah," said the woman, "it is so sad; it is so sad to always live in a dirty hut like this. You might have asked him for a little house for us. Go back and call the catfish; tell him that we would like to have a little house, for it will give us some security."

"¡Ah!" respondió la mujer; "es tan triste; es tan triste vivir siempre en una choza sucia como esta; hubieras debido pedirle una casa pequeñita para nosotros. Vuelve y llama al barbo; dile que quisiéramos tener una casa pequeñita, pues nos la dará de seguro."

"Ah!" said the husband; "and why should I go back?"

"¡Ah!" dijo el marido, "¿y por qué he de volver?"

"Have you not caught him," continued the woman, "and allowed him to swim as before? Well you will do it; go running!"

"¿No le has cogido," continuó la mujer, "y dejado nadar como antes? Pues lo harás; ve corriendo."

The man did not have much interest; however, he went to the seashore; and when he arrived there, he saw it was all yellow and green; he approached the water and said, "Beautiful fish, little neighbour, my poor wife has a wish."

El marido no hacía mucho caso; sin embargo, fue a la orilla del mar, y cuando llegó allí, la vio toda amarilla y toda verde, se acercó al agua y dijo: "Hermoso pescado, pequeño vecino, mi pobre esposa tiene un deseo."

The catfish came toward him and said, "What do you want?"

El barbo avanzó hacia él y le dijo: "¿Qué quieres?"

"Ah!" said the man, "Just recently I have caught you; and my wife maintains that I ought to have asked you for something. She is not content living in a hut of reeds; she really would like a wooden house."

"¡Ah!" repuso el hombre, "hace poco que te he cogido; y mi mujer sostiene que hubiera debido pedirte algo. No está contenta con vivir en una choza de juncos; ella realmente quisiera una casa de madera."

"You can go back," said the catfish, "for she has it already."

"Puedes volver," le dijo el barbo, "pues ya la tiene."

The husband returned, and his partner was no longer in the hut; for in its place was a little house, and his partner was by the door sitting on a bench.

El marido volvió, y su mujer no estaba ya en la choza, pero en su lugar había una casa pequeña, y su mujer estaba a la puerta sentada en un banco.

She took him by the hand and said to him, "Come in and see: this is much better."

Le cogió de la mano y le dijo: "Entra y mira: esto es mucho mejor."

Hence, they went in and discovered (inside the house) a lovely room with an alcove containing their bed; a dining room; and a kitchen with a shiny copper stove and a complete set of utensils.

Los dos entraron y hallaron dentro de la casa una bonita sala y una alcoba donde estaba su lecho, un comedor, y una cocina con una estufa de cobre brillante, y un juego completo de utensilios.

Behind it was a little yard with chickens and ducks, and a basket with vegetables and fruits.

Detrás había un patio pequeño con gallinas y patos, y un canastillo con legumbres y frutas.

"You see," the wife said to him, "how beautiful it is?"

"¿Ves," le dijo la mujer, "qué bonito es esto?"

"Yes," the husband said to her, "if we live here always, we will be very happy."

"Sí," le dijo el marido; "si vivimos siempre aquí, seremos muy felices."

After this, they ate and went to bed.

Después comieron y se acostaron.

Everything went well for a week or two, but then the woman said, "Listen, my dear: this cottage is too narrow, and the yard and garden are so small. The truth is, the catfish ought to have given us a much larger house. I would like to live in a palace made of stone; go and seek the catfish: he must give us a castle."

Continuaron así durante ocho o quince días, pero al fin dijo la mujer: "¡Escucha, marido mío: esta casa es demasiado estrecha, y el patio y el huerto son tan pequeños! El barbo hubiera debido en realidad darnos una casa mucho más grande. Yo quisiera vivir en un palacio de piedra; ve a buscar al barbo; es preciso que nos dé un palacio."

"Ah, woman," said the man, "this cottage is actually very good. To what end would it serve us, living in a palace?"

"¡Ah!, mujer," replicó el marido, "esta casa es en realidad muy buena; ¿de qué nos serviría vivir en un palacio?"

"Go!" said the woman; "the catfish may very well do it."

"Ve," dijo la mujer, "el barbo puede muy bien hacerlo."

"No, wife," said the man, "the catfish has just given us this cottage; I do not want to go back: I would be afraid to bother him."

"No, mujer," replicó el marido, "el barbo acaba de darnos esta casa; no quiero volver: temería importunarle."

"Go," insisted the woman, "he can do it, and will do it with pleasure; go, I tell you."

"Ve," insistió la mujer, "puede hacerlo y lo hará con mucho gusto; ve, te digo."

The husband pondered deeply, and was in no hurry to go; for he said to himself, "It does not seem right to me;" however he nevertheless obeyed.

El marido reflexionó profundamente, y no tenía mucha prisa, pues se decía: "No me parece bien," pero obedeció sin embargo.

When he arrived near the sea, the water had the colour of violet and dark blue; it was not green and yellow like the first time; however, it was still calm.

Cuando llegó cerca del mar, el agua tenía un color de violeta y azul oscuro; no estaba verde y amarilla como la vez primera; sin embargo, todavía estaba en calma.

The fisherman approached and said, "Beautiful fish, little neighbour, my poor wife has a wish."

El pescador se acercó y dijo: "Hermoso pescado, pequeño vecino, mi pobre esposa tiene un deseo."

"What does your wife want?" said the catfish.
"¿Qué quiere tu mujer?" dijo el barbo.

"Ah," replied the husband, half embarrassed, "she wants to live in a large palace made of stone."
"¡Ah!" contestó el marido medio turbado, "quiere habitar un palacio grande de piedra."

"You must go," replied the catfish; "you will find her at the door."
"Vete," replicó el barbo, "la encontrarás a la puerta."

Then the man went away, intending to return to his dwelling; but when he approached, he saw a great, stone castle in its place.
Marchó el marido, creyendo volver a su morada; pero cuando se acercaba, vio en su lugar un gran palacio de piedra.

His wife, who was at the top of the stairs, was going inside; she took him by the hand and said, "Come in with me."
Su mujer, que se hallaba en lo alto de las gradas, iba a entrar dentro; le cogió de la mano y le dijo: "Entra conmigo."

He followed her. The palace had an immense hall, whose walls were of marble; numerous servants opened the doors, with a great ruckus behind them;
La siguió. El palacio tenía una inmensa sala, cuyas paredes eran de mármol; numerosos criados abrían las puertas con grande estrépito delante de sí;

the walls shimmered with gold, and were covered by beautiful hangings; the chairs and the tables of the rooms were made of gold;
las paredes resplandecían con oro, y estaban cubiertas de hermosas colgaduras; las sillas y las mesas de las habitaciones eran de oro;

thousands of crystal chandeliers hung from the ceilings, and all the rooms had beautiful carpets;

90

miles de arañas de cristal colgaban de los techos, y todas las habitaciones había hermosas alfombras;

the tables were full of the most exquisite wines and delicacies, to the point that it seemed they were going to crack under their weight.

las mesas estaban cargadas de los vinos y manjares más exquisitos, hasta el punto que parecía iban a romperse bajo su peso.

Behind the house was a great courtyard, with stables for cows and stalls for horses, and magnificent coaches;

Detrás del palacio había un patio muy grande, con establos para las vacas y caballerizas para los caballos, y magníficos coches;

there was also a large and beautiful garden, adorned with the most beautiful flowers and fruit trees;

había además un grande y hermoso jardín, adornado de las flores más hermosas y de árboles frutales;

and lastly, there was a park at least half a kilometre long, in which deer, bucks, hares, and everything that one could wish for, could be seen.

y por último, un parque de al menos un kilómetro de largo, donde se veían ciervos, gamos, liebres y todo cuanto se pudiera apetecer.

"Is it not beautiful, all this?" said the woman.

"¿No es muy hermoso, todo esto?" dijo la mujer.

"Oh yes!" replied the husband; "let's stay here, and we will live very happily."

"¡Oh!, ¡Sí!" repuso el marido; "quedémonos aquí y viviremos muy contentos."

"We will think about that," said the woman, "we must sleep first;" and they lay down.

"Ya reflexionaremos," dijo la mujer, "durmamos primero;" y
se acostaron."

Next morning the wife awoke, and from her bed she saw the
beautiful countryside. The husband stretched upon awakening.
La mañana siguiente la mujer se despertó y vio desde su cama
la hermosa campiña. El marido se estiró al despertar.

She gave him a poke with her elbow, and then said to him, "My
husband, get yourself up and look out the window; do you see?
Could we not be rulers of this whole country? Run and look for
the catfish, and we will be Kings!"
Ella le dio un golpecito con el codo, y luego le dijo: "Marido
mío, levántate y mira por la ventana; ¿ves?, ¿no podríamos
ser los gobernantes de todo este país? Corre a buscar al barbo
y seremos reyes."

"Ah, wife," replied her husband, "why should we be Kings? I
have no desire to be one."
"¡Ah!, mujer," repuso el marido, "y por qué hemos de ser
reyes, yo no tengo ganas de serlo."

"Well, if you do not want to be King" responded the wife, "I
want to be Queen. Go and find the catfish! I want to be Queen."
"Pues si tú no quieres ser rey," replicó la mujer, "yo quiero
ser reina. Ve a buscar al barbo; yo quiero ser reina."

"Ah, wife," insisted the man, "why do you want to be Queen? I
do not want to say that to him."
"¡Ah!, mujer," insistió el marido; "¿para qué quieres ser
reina? Yo no quiero decirle eso."

"And why not?" said the woman. "Go at once; I must be Queen!"
"¿Y por qué no?" dijo la mujer; "ve al instante; es preciso que
yo sea reina."

The husband went, but was very much irked that his wife wanted
to be Queen.

El marido fue, pero estaba muy apesadumbrado de que su mujer quisiese ser reina.

"It does not seem right to me; it does not seem right at all," he thought to himself; "I do not want to go;" yet he nevertheless went.

No me parece bien, no me parece bien en realidad," pensaba para sí. "No quiero ir;" y fue sin embargo.

When he approached the sea, it was a grey colour; water rose in surges from the depths to the surface, and it had a foul odour.

Cuando se acercó al mar, estaba de un color gris, el agua subía a borbotones desde el fondo a la superficie y tenía un olor fétido;

He stepped forward and said, "Beautiful fish, little neighbour, my poor wife has a wish."

se adelantó y dijo: "Hermoso pescado, pequeño vecino, mi pobre esposa tiene un deseo."

"And what does your wife want?" said the catfish.

"¿Y qué quiere tu mujer?" dijo el barbo.

"Alas," said the man, "she wants to be Queen."

"¡Ah!" contestó el marido; "quiere ser reina."

"You may return; she is already," replied the catfish.

"Vuelve, que ya lo es," replicó el barbo.

The man set off, and when he neared the palace, he saw that it had become much bigger, and had a very high tower decorated with magnificent ornaments.

El marido partió, y cuando se acercaba al palacio, vio que se había hecho mucho mayor y tenía una torre muy alta decorada con magníficos adornos.

At the door stood sentry guards, and a multitude of soldiers with trumpets and drums.

A la puerta había guardias de centinela y una multitud de
soldados con trompetas y timbales.

When he entered the building, he saw the purest marble, enriched with gold, everywhere; and velvet carpets and large golden trimmings.

Cuando entró en el edificio vio por todas partes mármol del
más puro, enriquecido con oro, tapices de terciopelo y grandes
cofres de oro macizo.

The servants opened the doors of the hall. The whole court was assembled, and his wife was sitting on an elevated throne made of gold and diamonds.

Los sirvientes abrieron las puertas de la sala. Toda la corte se
hallaba reunida y su mujer estaba sentada en un elevado trono
de oro y de diamantes.

Then he stepped forward and said, "Ah, wife, you are now Queen."

Se adelantó y dijo: "¡Ah, mujer! ¿Ya eres reina?"

"Yes," she replied, "now I am Queen."

"Sí," le contestó, "ya soy reina."

He stood in front of her, and looked at her; and when he had contemplated briefly, he said, "Ah, wife! How good it is that you are Queen! Now you will have nothing more to desire."

Se colocó delante de ella y la miró, y en cuanto la hubo
contemplado por un instante, dijo: "¡Ah, mujer! ¡Qué bueno
es que seas reina! Ahora no tendrás ya nada que desear."

"By no means, my husband," said the woman, quite agitated. "I have been Queen for some time; I want to be much more. Go and find the catfish, and tell him that I am now Queen, but I must become Empress."

"De ningún modo, marido mío," le contestó, muy agitada;
"hace mucho tiempo que soy reina, quiero ser mucho más. Ve

*a buscar al barbo y dile que ya soy reina, pero que necesito
ser emperatriz."*

"Alas, wife," replied the husband, "I know that he cannot make
you empress, and I dare not tell him that."
*"¡Ah, mujer!" replicó el marido, "yo sé que no puede hacerte
emperatriz y no me atrevo a decirle eso."*

"I am Queen," said the woman, "and you are my husband! Look,
if he was capable of making us King and Queen, he can also
make us emperors. Go, I tell you."
*"¡Yo soy reina," dijo la mujer, "y tú eres mi marido! Ve, si ha
podido hacernos reyes, también podrá hacernos emperadores.
Ve, te digo."*

He had to leave; but upon withdrawing, he felt disturbed, and
said to himself, "It does not seem right to me. Emperor?! It is
asking too much, and the catfish will grow weary."
*Tuvo que marchar; pero al alejarse se hallaba turbado y se
decía a sí mismo: "No me parece bien. ¿Emperador? Es pedir
demasiado y el barbo se cansará."*

While thinking this he saw the water was black and seething in
spurts; foam rose to the surface and the wind was blowing
violently.
*Pensando esto vio que el agua estaba negra y hervía a
borbotones, la espuma subía a la superficie y el viento la
levantaba soplando con violencia;*

Despite this, he went forward and said, "Beautiful fish, little
neighbour, my poor wife has a request."
*pero se acercó y dijo: "Hermoso pescado, pequeño vecino, mi
pobre esposa tiene un deseo."*

"And what does she want?" said the catfish.
"¿Y qué quiere?" dijo el barbo.

"Well, catfish," he replied, "my wife wants to become empress."

"¡Ah, barbo!" le contestó; "mi mujer quiere llegar a ser emperatriz."

"You can go back," said the catfish; "she is empress from this moment."

"Puede vuelve," dijo el barbo; "ella es la emperatriz desde este momento."

The husband returned, and when he arrived back, he found the whole palace was made of polished marble, enhanced by alabaster statues and adorned with gold.

El marido volvió, y cuando estuvo de regreso, todo el palacio era de mármol pulimentado, enriquecido con estatuas de alabastro y adornado con oro.

Outside the door there were many detachments of soldiers that played trumpets, and cymbals and drums; in the interior of the palace, the barons, earls, and dukes came and went in the capacity of mere servants, and they opened the doors – which were of solid gold – to him.

Delante de la puerta había muchas legiones de soldados, que tocaban trompetas, timbales y tambores; en el interior del palacio los barones y los condes y los duques iban y venían en calidad de simples criados, y le abrían las puertas, que eran de oro macizo.

As he entered, he saw his wife sitting on a golden throne – a single piece, and more than a thousand feet high – wearing a huge golden crown, ornamented with diamonds; in one hand she held a sceptre, and in the other, the imperial globe;

En cuanto entró, vio a su mujer sentada en un trono de oro de una sola pieza y de más de mil pies de alto, llevaba una enorme corona de oro, guarnecido con diamantes; en una mano tenía el cetro y en la otra el globo imperial;

to one side were guards in two rows, one after the other smaller in stature; as well, there were huge giants one hundred feet high, and small dwarves that were no larger than your thumb.

a un lado estaban sus guardias en dos filas, más pequeños unos que otros; además había gigantes enormes de cien pies de altos y pequeños enanos que no eran mayores que el dedo pulgar.

Standing in front of her was a multitude of princes and dukes.

Delante de ella había de pie una multitud de príncipes y de duques.

The husband walked through the midst of them, and said to her, "Wife, are you empress now?"

El marido avanzó por en medio de ellos, y le dijo: "Mujer, ya eres emperatriz."

"Yes," she said, "I am Empress."

"Sí," le contestó, "ya soy emperatriz."

Then he positioned himself in front of her and began to look at her, and it seemed to him that he saw the sun.

Entonces se puso delante de ella y comenzó a mirarla y le parecía que veía al sol.

"Ah, wife," he said to her, "what a great thing it is to be empress!"

"¡Ah, mujer," le dijo, "qué buena cosa es ser emperatriz!"

However, she remained rigid, (very rigid,) and did not say a word.

Pero permanecía tiesa, muy tiesa y no decía palabra.

Finally the husband exclaimed, "Woman, you will now be happy; you are now empress! What more could you want?!"

Al fin el marido exclamó: "¡Mujer, ya estarás contenta, ya eres emperatriz! ¿Qué más puedes desear?"

"Let's see," replied the woman.
"Veamos," contestó la mujer.

They went immediately to bed, but she was not contented; the ambition impeded her sleep, and she was constantly thinking about becoming still more.
Fueron enseguida a acostarse, pero ella no estaba contenta; la ambición le impedía dormir y pensaba siempre en ser todavía más.

The husband slept deeply; he had walked all day; but the woman could not rest for a moment: she turned from one side to the other during the entire night, always thinking of becoming still more, but not finding anything to settle upon.
El marido durmió profundamente; había andado todo el día; pero la mujer no pudo descansar un momento: se volvía de un lado a otro durante toda la noche, pensando siempre en ser todavía más, y no encontrando nada por qué decidirse.

However, the sun began to rise, and when she perceived first light, she sat up a little and looked at the glow, and saw how the rays from the sun entered through her window…
Sin embargo, el sol comenzó a subir, y cuando percibió la aurora, se incorporó un poco y miró hacia la luz, y al ver entrar por su ventana los rayos del sol...

"Ah," she thought, "why should I not be capable of commanding the sun and the moon to come out?"
"¡Ah!" pensó; "¿por qué no he de poder mandar salir al Sol y a la Luna?"

"My husband," she said, jabbing him with her elbow; "wake up; go and find the catfish; I want to be just like God!"
"Marido mío" empujándole con el codo, "¡despiértate, ve a buscar al barbo; quiero ser semejante a Dios!"

The husband was still half asleep, but he was shocked in such a way that he fell off the bed.

El marido estaba dormido todavía, pero se asustó de tal manera, que se cayó de la cama.

Thinking he had heard wrong, he rubbed his eyes and asked, "Ah, wife! What are you saying?"

Creyendo que había oído mal, se frotó los ojos y preguntó: "¡Ah, mujer! ¿Qué dices?"

"Husband, if I cannot order the sun and moon to rise, and if it happens that the sun and moon come out without my ordering them, I will not rest and will not have a tranquil hour – for I will be thinking constantly that I cannot send them out."

"Marido mío, si no puedo mandar salir al Sol y a la Luna, y si es preciso que los vea salir sin orden mía, no podré descansar y no tendré una hora de tranquilidad, pues estaré siempre pensando en que no los puedo mandar salir."

On saying this, she looked at him with such a horrible scowl such that he felt his whole body bathed in a cold sweat.

Y al decir esto le miró con un ceño tan horrible, que sintió bañarse todo su cuerpo de un sudor frío.

"Go at once; I want to be akin to God."

"Ve al instante, quiero ser semejante a Dios."

"Alas, wife," said the man, dropping to her feet; "the catfish cannot do that; he certainly has been able to make you Queen and empress; but, I beg you, content yourself with being empress."

"¡Ah, mujer!" dijo el marido arrojándose a sus pies; "el barbo no puede hacer eso; ha podido muy bien hacerte reina y emperatriz, pero, te lo suplico, conténtate con ser emperatriz."

Then she began to weep; her hair flew into disarray around her head; and she screamed, "I cannot... I do not want to content myself with this; go at once."

Entonces echó a llorar; sus cabellos volaron en desorden alrededor de su cabeza; y ella gritó: "No puedo, no quiero contentarme con esto; marcha al instante."

The husband dressed quickly and ran off like a madman.

El marido se vistió rápidamente y echó a correr, como un insensato.

However, the storm had unleashed itself and roared furiously: the houses and the trees trembled; pieces of rock rolled into the sea; and the sky was dark like tar.

Pero la tempestad se había desencadenado y rugía furiosa: las casas y los árboles se movían; pedazos de roca rodaban por el mar; y el cielo estaba negro como la pez;

He shouted, for he could barely hear his own words: "Beautiful fish, little neighbour, my poor wife has a request."

Gritó, pues apenas podía oírse él mismo sus propias palabras: "Hermoso pescado, pequeño vecino, mi pobre esposa tiene un deseo."

"What do you want, my friend?" said the catfish.

"¿Qué quieres tú, amigo?" dijo el barbo.

"Alas," said he, "she wants to be likened to God."

"¡Ah," contestó, "quiere ser semejante a Dios!"

"Go back, and you will find her back again in the hut."

"Vuelve y la encontrarás en la choza."

And they still live there at this very time.

Y a estas horas viven allí todavía.

The Devil with the Three Golden Hairs

Los Tres Pelos de Oro del Diablo

There was once a poor woman who gave birth to a little son. He was born standing up. Consequently, it was predicted that in his fourteenth year he would marry the daughter of the King.

Había una vez una pobre mujer que dio a luz un hijo. Él nació de pie. En consecuencia, se predijo que en los catorce años se casaría con la hija del rey.

On the same day, the King passed by the village, without anybody knowing it; and inquiring what news there was, they responded that a boy had just been born standing, and that it had been predicted that when he was fourteen years old he would marry the King's daughter.

El mismo día, el rey pasó por el pueblo, sin que nadie le conociese, y preguntando lo que había de nuevo, le respondieron que acababa de nacer un niño de pie, y que le habían vaticinado que cuando tuviera catorce años se casaría con la hija del rey.

The King had a very wicked heart, and this prediction troubled him.

El rey tenía muy mal corazón, y esta predicción le incomodó.

He went looking for the parents of the newborn, and said to them in a friendly tone, "You are very poor; give me your son, and I will take care of him."

Fue a buscar a los padres del recién nacido, y les dijo en tono amistoso: "Vosotros sois muy pobre; dadme vuestro hijo, y yo cuidaré de él."

At first they refused, but the stranger offered them a lot of gold; and they thought, "Since the child was born standing, all that happens will be for his well-being." And eventually they conceded, and handed over their son.

Al principio se negaban, pero el forastero les ofreció mucho oro, y pensaron a sí mismos: "Puesto que el niño ha nacido de pie, todo lo que suceda será por su bien." Y acabaron por ceder y entregar a su hijo.

The King put him in a box, and took him to the bank of a river. He threw the box into the water, thinking he had liberated his daughter from a curse.

El rey le puso en una caja y le llevó a la orilla de un río. Arrojó la caja en el agua, pensando que había liberado a su hija de una maldición.

However, the box, instead of going to the bottom, began to float like a little boat – without a single drop of water entering it.

Pero la caja en vez de irse al fondo, comenzó a flotar como un barquito, sin que entrase en ella ni una sola gota de agua;

The current dragged it to within two kilometres of the capital, where it stopped in the dam of a mill.

la corriente la arrastró hasta dos kilómetros de la capital, donde se detuvo en la presa de un molino.

A miller boy – that was there by chance – saw it and retrieved it with a hook, hoping to find a great treasure; but when he opened it, he discovered a very beautiful, awake, and cheerful little boy.

Un criado del molinero, que se hallaba allí por casualidad, la vio y la sacó con un garfio, esperando encontrar un gran tesoro; pero cuando la abrió, se halló un niño muy bonito, despierto y alegre.

He took him to the mill, and the miller and his wife, who had no children, received him as if he had been sent by God.

Le llevó al molino, y el molinero y su mujer, que no tenían hijos, le recibieron como si se le hubiera enviado Dios.

They treated the orphan very well – he grew up strong and with good qualities, in their home.

Trataron muy bien al huerfanito, que creció en su casa en fuerzas y en buenas cualidades.

The King, surprised one day by a storm, entered in the mill, and he asked the miller if that youth was his son.

El rey, sorprendido un día por una tempestad, entró en el molino, y preguntó al molinero si aquel joven era hijo suyo.

"No sir," he replied, "he is a foundling that we discovered in a box that the water dragged until the weir of the dam… that will make it some fourteen years ago; my servant pulled him out of the water."

"No señor" le contestó, "es un expósito que hemos encontrado en una caja que el agua arrastró hasta la esclusa del molino… hará unos catorce años; mi criado le sacó del agua."

The King then knew that this was the boy born standing, and that he had thrown him into the river.

El rey conoció entonces que este era el niño que había nacido de pie, y él lo había arrojado en el río.

"Good people," he said to them, "could not this young man carry a letter from me to the Queen? I will give two pieces of gold for his work."

"Buenas gentes" les dijo; "¿no podría este joven llevar una carta de parte mía a la reina? Le daré dos monedas de oro por su trabajo."

"As the King commands," they answered him; and they told the boy to ready himself to take to the road.

"Como el rey ordena," le contestaron, y dijeron al joven que se preparase para ponerse en camino.

The King sent the Queen a letter instructing her to arrest the bearer, and to kill and bury him, such that on his return he would find it all done.

El rey envió a la reina una carta en que la mandaba prender
al portador, darle muerte y enterrarle, de manera que a su
regreso lo encontrase hecho todo.

The boy set out with this letter, but he became lost, and in the evening he arrived at a very dense forest.
El muchacho se puso en camino con la carta, pero se extravió
y por la noche llegó a un bosque muy denso.

Far off he made out a faint light in the darkness, and heading towards that direction came to a small house, where he found an old woman sitting by the fire.
A lo lejos distinguió una débil luz en medio de las tinieblas, y
dirigiéndose hacia aquel lado llegó a una casita pequeña,
donde se encontró una vieja sentada junto al hogar.

Surprised to see the young man, the woman said to him, "Where do you come from, and what do you want?"
Sorprendida al ver al joven, le dijo aquella mujer: "¿De dónde
vienes y qué quieres?"

"I come from the mill," he responded; "I am taking a letter to the Queen; I have lost my way and wish to spend the night here."
"Vengo del molino" respondió; "llevo una carta a la reina,
me he perdido en el camino y quisiera pasar la noche aquí."

"You unfortunate young man," replied the woman; "you have fallen into a den of thieves, and if they discover you here, you will surely die."
"Desgraciado joven" le replicó la mujer, "has caído en una
caverna de ladrones, y si te encuentran aquí, morirás sin
remedio."

"No problem," said the boy, "I have no fear; and I am also so tired that it is impossible for me to go any further."
"No hay problema" dijo el joven, "no tengo miedo, y además
estoy tan cansado que me es imposible ir más lejos."

He lay down on a bench and fell asleep. Shortly afterwards, the robbers came, and angered, they asked why the stranger was lying there.

Se echó en un banco y se durmió; poco después, los ladrones llegaron y preguntaron, enfurecido, por qué el forastero estaba tirado allí.

"Ah," said the old woman, "it is a poor boy who has lost himself in the forest, and I have received him out of compassion; he takes a letter to the Queen."

"¡Ah!" dijo la vieja, "es un pobre niño que se ha perdido en el bosque y le he recibido por compasión; lleva una carta a la reina."

The robbers opened the letter, and saw that it contained an order to put the bearer to death.

Los ladrones abrieron la carta, y vieron que contenía la orden de dar muerte al portador.

Despite the hardness of their hearts, they took pity on the poor fellow.

A pesar de la dureza de sus corazones, se compadecieron del pobre hombre.

The leader tore up the letter and put another in its place, in which it said that as soon as the boy arrives, he is to marry the daughter of the King.

El líder rompió la carta y puso otra en su lugar, en que decía que tan pronto como llega el joven, él debe casarse con la hija del rey.

Afterwards, the robbers left him sleeping on the bench (until the next morning), and as soon as he awoke, they gave him the letter and showed him the way.

Después, los ladrones le dejaron dormir en el banco hasta la mañana siguiente, y en cuanto despertó, le entregaron la carta y le enseñaron el camino.

Hardly having received the letter, the Queen implemented what was said in its contents: the wedding was held with splendour; the King's daughter married the boy born standing; and since he was handsome and kind, she lived in joy with him.

Apenas después de haber recibido la carta, la reina ejecutó lo que se decía en su contenido: la boda se celebró con esplendor; la hija del rey se casó con el niño nacido de pie; y como era guapo y amable, vivía a gusto con él.

Some time afterwards, the King returned to his palace and saw that the prediction had been fulfilled, and that the child born standing had married his daughter.

Algún tiempo después, el rey volvió a su palacio y vio que la predicción se había cumplido, y que el niño nacido de pie se había casado con su hija.

"How is it you have done that?" he said. "I had given a very different order in the letter."

"¿Cómo habéis hecho eso?" dijo; "yo había dado una orden muy diferente en la carta."

The Queen showed him the letter, and said he could see what it contained.

La reina le enseñó la carta, y le dijo que podía ver lo que contenía.

He read it, and saw that his had been exchanged for another.

La leyó, y vio que su había sido cambiado por otro.

He asked the youth what he had done with the letter entrusted to him, and why he had provided another.

Preguntó al joven lo que había hecho de la carta que le había entregado, y por qué había dado otra.

"I know nothing about that," he answered; "unless they changed it the night I spent in the woods."

"No sé nada de eso" replicó el joven, "a menos que no la hayan cambiado la noche que pasé en el bosque."

Enraged, the King said to him, "This cannot remain such as it is; whoever courts my daughter must first go to hell and bring me three golden hairs from the head of the devil. Bring them to me, and you will win my daughter."

Encolerizado, el rey le dijo: "Esto no puede quedar así; el que pretenda a mi hija primero debe ir al infierno y traerme tres pelos de oro de la cabeza del diablo. Tráemelos, y ganarás mi hija."

The King, in giving him this task, believed that he would never return.

El rey, al darle esta comisión, creía que no volvería más.

However, the young man replied, "I have no fear of the devil; I will go and find the three golden hairs." He said goodbye to the King, and set off.

El joven le respondió: "No tengo miedo al diablo; iré a buscar los tres pelos de oro." Y se despidió del rey y se puso en camino.

He arrived at the gates of a large city; the watchman asked him what his job was, and what he knew.

Llegó a las puertas de una gran ciudad; el centinela le preguntó cuál era su trabajo, y lo que sabía.

"I know everything," answered the young man.

"Yo lo sé todo," respondió el joven.

"Then you can do us a favour," said the watchman; "tell us why the fountain in the market, which before always gave wine, has dried up and does not even give water?"

"Entonces puedes hacernos un favor," dijo el centinela, "decirnos por qué la fuente en el mercado, que antes daba siempre vino, se ha secado y ni siquiera da agua."

"Wait," he responded, "and I will tell you on my return."
"Esperad" le respondió, "y os lo diré a mi regreso."

Further on, he came to the gates of another city; the watchman asked him what his job was and what he knew.
Más lejos, llegó a las puertas de otra ciudad; el centinela le preguntó cuál era su trabajo, y lo que sabía.

"I know everything," answered the young man.
"Yo lo sé todo," respondió el joven.

"Then you can do us a favour," said the watchman; "tell us why a tree in our town, which once bore golden apples, no longer even produces leaves?"
"Entonces puedes hacernos un favor," dijo el centinela, "decirnos por qué el árbol grande de nuestra ciudad, que antes daba siempre manzanas de oro, no produce ya ni aun hojas."

"Wait," he responded, "and I will tell you on my return."
"Esperad" le respondió, "y os lo diré a mi regreso."

Still further on, he came up to a wide river that he needed to pass.
Más lejos todavía llegó delante de un ancho río que necesitaba pasar.

The ferryman asked him what his trade was, and what he knew.
El barquero le preguntó cuál era su trabajo, y lo que sabía.

"I know everything," he answered.
"Yo lo sé todo," respondió el joven.

"Then you can do me a favour," said the ferryman; "tell me if I will always remain in this post without ever being relieved."
"Entonces puedes hacerme un favor," dijo el barquero, "decirme si debo permanecer siempre en este puesto sin ser relevado nunca."

"Wait," he responded, "and I will tell you on my return."

"Espera" le contestó, "y te lo diré a mi regreso."

On the other side of the water he found the entrance to Hell. It was dark and full of black smoke.

En el otro lado del agua encontró la entrada al infierno; estaba oscuro y lleno de humo negro.

The Devil was not to be found (in his home), but he came across his landlady, who was sitting in a large chair.

El diablo no se hallaba en su casa, pero encontró a su patrona, que estaba sentada en un sillón grande.

"What do you want?" she asked him, in a rather sweet tone.

"¿Qué quieres?" le preguntó, con un tono bastante dulce.

"I need three golden hairs from the head of the devil, without which I cannot live with my wife."

"Necesito tres pelos de oro de la cabeza del diablo, sin lo cual no puedo vivir con mi mujer."

"That is a lot to ask," she said to him, "and if the devil sees you when he enters, you will pass through a very bad time; however, I have concern for you, and am going to endeavour to help you."

"Eso es mucho pedir" le dijo, "y si el diablo te ve cuando entre, pasarás un rato muy malo; sin embargo, tengo interés por ti, y voy a procurar ayudarte."

She changed him into an ant and said, "Hide yourself in the folds of my dress; here you will be safe."

Ella le convirtió en una hormiga, y le dijo: "Ocúltate en los pliegues de mi vestido; aquí estarás seguro."

"Thanks," he responded to her; "I believe that this is going well; but I need also to know three things:

"Gracias" la contestó; "creo que esto va bien; pero necesito además saber tres cosas:

why a fountain that always flowed with wine, now does not even run with water;
por qué una fuente que manaba siempre vino, no mana ya ni aun agua;

why a tree that gave golden apples, now does not even grow leaves;
por qué un árbol que daba manzanas de oro, no produce ya ni aun hojas;

and if it is the case that a ferryman must always remain at his post, without ever being relieved?"
y si cierto barquero debe permanecer siempre en su puesto sin ser relevado nunca."

"Those are three very difficult questions, but do not be worried; pay attention to what the devil says when I tear out the three golden hairs."
"Esas son tres preguntas muy difíciles, pero no tengas cuidado; presta atención a lo que diga el diablo cuando yo le arranque los tres pelos de oro."

In the evening, the devil returned to his home; and he had just entered when he noticed a strange smell.
Por la noche el diablo volvió a su casa, y apenas había entrado, notó un olor extraño.

"What is there new here?" he said. "It smells of human flesh."
He examined every corner, without finding anything.
"¿Qué hay aquí de nuevo?" dijo; "huele a carne humana."
Registró todos los rincones, pero sin encontrar nada.

The landlady scolded him: "I have just swept and arranged everything," she said to him, "and you go and rearrange it. You are always smelling human flesh. Sit down and eat dinner!"

La patrona le reprendió: "Acabo de barrer y de arreglarlo todo" le dijo, "y vas a desarreglarlo; siempre estás oliendo a carne humana. ¡Siéntate y cena!"

He ate and drank, and as he was tired, he put his head on the lap of the landlady, and was soon asleep and snoring.

Comió y bebió, y como estaba cansado, puso la cabeza en el regazo de la patrona, y no tardó en dormirse y roncar.

The old woman grabbed a golden hair, pulled it out, and put it to her side.

La vieja cogió un pelo de oro, lo arrancó y lo puso a su lado.

"Hey!" exclaimed the devil, "what are you doing?"

"¡Ay!" exclamó el diablo, "¿qué haces?"

"I have had a bad dream," answered the landlady, "and have seized hold of your hair."

"He tenido un mal sueño," dijo la patrona, "y te he agarrado del pelo."

"What have you dreamt?" asked the devil.

"¿Qué has soñado?" la preguntó el diablo.

"I dreamt that a fountain in a market-place, which once flowed with wine, has dried up; and now it does not even provide water; what could be the cause of this?"

"He soñado que la fuente de un mercado que manaba siempre vino, se ha secado y no da ya ni aun agua; ¿cuál puede ser la causa?"

"Ah! If they knew it," answered the devil; "there is a toad in the fountain – under a rock. They have only to kill it, and the wine will again flow."

"¡Ah! ¡Si lo supieran!" contestó el diablo; "hay un sapo en la fuente, debajo de una piedra; no tienen más que matarle y volverá a manar vino."

He went back to sleep and began to snore loudly.
Volvió a dormir y comenzó a roncar fuertemente.

Then she pulled out the second hair.
Entonces le arrancó el segundo pelo.

"Hey! What are you doing?" cried the devil angrily.
"¡Ay! ¿Qué haces?" exclamó el diablo encolerizado.

"Do not worry yourself," she responded; "it is a dream that I have had."
"No te preocupes," le respondió; "es un sueño que he tenido."

"What have you dreamt?" he asked.
"¿Qué has soñado?" la preguntó.

"I dreamt that in a certain country there is a tree which used to produce golden apples, and now it doesn't even have any apples. What could be the reason?"
"He soñado que en cierto país hay un árbol, que daba antes manzanas de oro, y ahora no tiene ni aun hojas; ¿cuál puede ser el motivo?"

"Oh! If they knew it," answered the devil. "There is a mouse that gnaws the root. They have only to kill it, and the tree will again produce golden apples; but if he continues gnawing, it will dry up completely. Now leave me in peace… you and your dreams. If you wake me again, I will give you a slap."
"¡Oh! ¡Si lo supieran!" replicó el diablo; "hay un ratón que roe la raíz; no tienen más que matarle y el árbol volverá a producir manzanas de oro; pero si continúa royéndola, se secará por completo. Ahora dejadme en paz… tú y tus sueños. Si me vuelves a despertar, te daré una bofetada."

The woman calmed him down, and he fell asleep and began to snore.
La mujer lo calmó, y se durmió y comenzó a roncar.

Then she pulled out the third golden hair.

Entonces le arrancó el tercer pelo de oro.

The devil jumped up screaming, and wanted to give her a slap; but she knew how to fool him, saying, "Who can free oneself from a bad dream?"

El diablo se levantó gritando y quería pegarla; pero ella le supo engañar, diciéndole: "¿Quién puede librarse de un mal sueño?"

"What have you dreamt now?" he asked, somewhat curious.

"¿Qué has soñado ahora?" la preguntó con curiosidad.

"I dreamt of a ferryman who complained of being always rowing on the river, with no one to ever replace him."

"He soñado con un barquero que se quejaba de estar siempre remando en el río en su barco, sin que le reemplace nunca nadie."

"Ah! The fool," replied the devil; "he has only to put the oar in the hand of the first one who comes to cross the river, and he will be free."

"¡Ah! el tonto" repuso el diablo, "no tiene más que poner el remo en la mano al primero que vaya a pasar el río, y quedará libre."

As the landlady had plucked out the three golden hairs, and had learnt the three responses that she wanted to know, she left him in peace, and he slept until the following morning.

Como la patrona le había arrancado los tres cabellos de oro y había sabido las tres respuestas que quería saber, le dejó en paz y él se durmió hasta la mañana siguiente.

The devil had only just left the house when the old woman took the ant from between the folds of her dress, and turned the youth into his human form.

Apenas hubo el diablo salido de la casa, cogió la vieja a la hormiga de entre los pliegues de su vestido, y volvió al joven su forma humana.

"Here you have the three golden hairs," she said to him. "You have heard the devil's answers to your three questions?"

"Ahí tienes los tres cabellos," le dijo. "¿Has oído bien las respuestas del diablo a tus tres preguntas?"

"Very clearly," he responded, "I will not forget them."

"Muy bien" respondió, "no las olvidaré."

"You have what you want," said she, "and can go your way."

"Tú tienes lo que quieres," le dijo, "y puedes seguir tu camino."

He thanked the old woman for having helped him so much, and exited from Hell feeling very content for having had such good fortune.

Dio gracias a la vieja por lo bien que le había ayudado, y salió del infierno muy contento de haber tenido tan buena fortuna.

When he came to where the ferryman was, he passed to the other side before telling him the promised reply – giving him the advice from the devil: "You have only to put the oar in the hand of the first one that comes to cross the river."

Cuando llegó donde estaba el barquero, se hizo pasar al otro lado antes de darle la respuesta prometida – y entonces le dio el consejo del diablo: "No tienes más que poner el remo en la mano al primero que venga a pasar el río."

Soon after he came to the city with the withered tree; the watchman also expected his response.

Poco después llegó a la ciudad con el árbol seco; el centinela esperaba también su respuesta.

"Kill the mouse that gnaws the roots," he said, "and it will again bear golden apples."

"Mata al ratón que roe las raíces" le dijo, "y volverá a dar manzanas de oro."

In gratitude, the watchman gave him two donkeys laden with this precious metal.
En agradecimiento, el centinela le dio dos burros cargados de este metal precioso.

Then he arrived at the city whose fountain was dry, and said to the watchman, "There is a toad underneath a stone at the fountain; find him and kill him, and wine will again flow in abundance."
Entonces llegó a la ciudad cuya fuente estaba seco, y dijo al centinela: "En la fuente, debajo de la piedra, hay un sapo; buscadlo y matadlo, y volverá a correr el vino en abundancia."

The watchman thanked him, and also gave him two donkeys laden with gold.
El centinela le dio las gracias, y también le dio dos burros cargados de oro.

The child born standing finally arrived to where his wife was, who rejoiced in his return with all her heart – and in particular with the knowledge that everything had gone well.
El niño nacido de pie llegó por último donde se hallaba su mujer, que se regocijó de todo corazón por su regreso, y en particular al saber que todo le había salido bien.

To the King he delivered the three golden hairs from the devil; the King was left very satisfied in seeing the four donkeys laden with gold;
Entregó al rey los tres pelos de oro del diablo; el rey quedó muy satisfecho al ver los cuatro burros cargados de oro;

and he said to him, "Now you have completed all of the conditions, and my daughter is yours. Although, my dear son,

115

tell me, from where did you get so much gold? For you have brought a substantial treasure."

y le dijo: "Ahora has cumplido ya con todas las condiciones, y mi hija es tuya. Pero, querido hijo mío, dime, ¿de dónde has sacado tanto oro? Pues has traído un verdadero tesoro."

"I have collected it," he replied, "near a river that I have crossed; it is in the sand on the other shore."

"Lo he cogido" le contestó, "cerca de un río que he atravesado; es en la arena en la otra orilla."

"Could I get the same?" said the King, who was very greedy.

"¿Podría yo coger otro tanto?" le preguntó el rey que era muy avaro.

"And much more," he replied; "there is a ferryman; go to him in order to cross the river, and you will be able to fill all your bags."

"Y mucho más" le respondió; "hay un barquero; ir a él para pasar el río, y podrás llenar sus sacos."

The avaricious monarch set off at once, and on reaching the river, he made a signal to the ferryman.

El avaro monarca se puso en seguida en camino, y al llegar al río, hizo una señal al barquero.

The ferryman directed him to get in, and as soon as they were on the other side, he put the oar in the King's hand, and jumped out.

El barquero le mandó entrar, y en cuanto estuvieron al otro lado, le puso el remo en la mano y saltó fuera.

The King remained like this, in punishment for his sins.

El rey quedó así, en castigo de sus pecados.

And he still is?

¿Sigue siéndolo todavía?

Ah, no doubt, for no one has taken the oar from him.

¡Ah! sin duda, puesto que nadie le ha tomado el remo.

The Young Giant
El Joven Gigante

A farmer had a son as big as a thumb, and for many years, his height did not increase.

Un campesino tenía un hijo tan grande como un dedo pulgar, y durante muchos años, su estatura no aumentó.

One day, when his father was going to work in the field; the tiny boy said to him, "Father, I want to go with you."

Un día, cuando su padre se iba a trabajar en el campo; el pequeño niño le dijo: "Padre, quiero ir contigo."

"You want to go with me?" said the father. "Stay here! Outside the house you would serve no more than to be a bother, and you might get lost."

"¿Quieres venir conmigo?" dijo el padre; "¡Quédate aquí! Fuera de casa no servirías más que para incomodar; y además podrías perderte."

However, the dwarf began to cry, and to have peace, his father put him in his pocket and took him.

Sin embargo, el enano se echó a llorar, y para tener paz, su padre lo puso en su bolsillo y se lo llevó.

As soon as he reached the land he was going to plough, he sat him in a newly opened furrow.

Tan pronto como llegó a la tierra que iba a arar, le sentó en un surco recién abierto.

While he was there, a very big giant appeared – it came from the other side of the mountains.

Mientras estaba allí, apareció un gran gigante – que venía del otro lado de las montañas.

117

"Look! Do you see the big man?" his father said to him; for he wanted to frighten his son (to make him more obedient); "he is coming to catch you."

"¡Mira! Ves el gran hombre," su padre le dijo, que quería asustar a su hijo (para hacerlo más obediente); "viene a cogerte."

The giant however, who had heard this, reached the furrow in two steps; he seized the little young man and took him without saying a word.

Pero el gigante, que había oído esto, llegó al surco en dos pasos; cogió el pequeño hombre joven y se le llevó sin decir una palabra.

The father, dumbfounded, had not the strength even to give a shout.

El padre, mudo de asombro, no tuvo fuerzas ni aun para dar un grito.

He believed his son was lost, and did not expect ever to see him again.

Él creía que su hijo estuvo perdido, y no esperó volverle a ver más.

The giant took him to his house, and raised him by himself; and the dwarf grew and came to be similar to a giant.

El gigante se le llevó a su casa, y le crio por sí mismo, y el enanito creció y llegó a ser parecido a un gigante.

When two years had passed, the giant went with him to the forest; to test him, he said, "Pull out a tree."

Al cabo de dos años el gigante fue con él al bosque; para probarle, le dijo: "Saca un árbol."

The boy was already so strong that he tore from the earth a small tree with its roots.

El muchacho era ya tan fuerte, que arrancó de la tierra un arbolito con raíces.

Nevertheless, the giant thought, "He is very weak," and took him home and nurtured him for two more years.
Pero el gigante pensó: "él es muy débil;" lo llevó a casa, y lo nutrió durante dos años más.

After this time, his strength had increased in such a way that he tore a huge tree from the earth.
Después de este tiempo, su fuerza había aumentado de tal manera que se arrancó un enorme árbol de la tierra.

This was still not enough for the giant. He nurtured him for two more years, and then went with him to the forest, and said to him, "Now uproot a tree."
Pero esto no era suficiente para el gigante; lo nutrió por dos años más, y luego se fue con él al bosque, y le dijo: "Ahora arrancar de raíz un árbol."

The youth pulled from the earth the largest oak tree in the forest, and this was easy for him.
El joven arrancó de la tierra la encina mayor del bosque, y esto fue fácil para él.

"That is good," said the giant, "you have completed your education;" and he took him to the field from where he had grabbed him.
"Eso es bueno," dijo el gigante, "ahora ha completado su educación." Y lo llevó al campo de donde lo había cogido.

His father was ploughing the field. The young giant approached him and said, "I am here, my father, and am a big man."
Su padre estaba arando el campo. El joven gigante se acercó a él y le dijo: "Yo estoy aquí, mi padre, y soy un hombre grande."

The farmer was startled, and cried out, "No, you are not my son. I do not love you. Go away!"

El campesino se asustó y gritó: "No, tú no eres mi hijo, yo no te quiero; márchate."

"Yes, I am your son. Let me work in your place. I can plough better than you."

"Sí, yo soy vuestro hijo. Déjame trabajar en vuestro lugar. Puedo arar mejor que tú."

"No, no, you are not my son, and you do not know how to plough. Leave!"

"No, no, tú no eres mi hijo, y no sabes cómo arar; márchate."

However, as he was afraid of the giant, he left the plough and stood at some distance.

Pero, como tenía miedo del gigante, dejó el arado y se puso a alguna distancia.

Then the youth, taking the implement with one hand, lent over with such force that the plough sunk deep into the earth.

Entonces, el joven, cogiendo el instrumento con una sola mano, se apoyó encima con tal fuerza, que el arado se hundió profundamente en la tierra.

The farmer could not stop himself, and shouted out to him, "If you want to plough, you must not press so hard; it is not good."

El campesino no pudo detenerse, y le gritó: "Si quieres arar, no se debe presionar con tanta fuerza; no es bueno."

The youth then unhitched the horses and harnessed himself to the plough, saying to his father, "Go home, father, and tell my mother to prepare me a large meal; meanwhile, I will finish ploughing the field."

El joven entonces desenganchó los caballos y se enganchó al arado, diciendo a su padre: "Vete a casa, y di a mi madre que me prepare una comida grande; mientras tanto, acabaré de arar el campo."

The farmer went home and told his wife everything.
El labrador fue a su casa y se lo dijo todo a su mujer.

In the meantime, the young giant ploughed the whole field all by himself.
Mientras tanto, el joven gigante aró todo el campo por sí mismo.

When he had finished he went to his parents' house.
Cuando hubo terminado se fue a casa de sus padres.

When he entered the yard, his mother, who did not recognize him, exclaimed, "Who is that horrible giant?"
Cuando entró en el patio, su madre, que no le conocía, exclamó: "¿Quién es ese horrible gigante?"

"That is our son," said the farmer.
"Es nuestro hijo," dijo el labrador.

"No," she said, "he is not our son; our son has already died. We never had such a big one; ours was very small."
"No," dijo ella, "no es nuestro hijo; nuestro hijo ha muerto ya. Nosotros no hemos tenido nunca ninguno tan grande: el nuestro era muy pequeñito."

She shouted at him, "Go away, we do not want you!"
Ella le gritó: "¡Márchate; nosotros no te queremos!"

The boy did not answer her.
El joven no la contestó.

He took the horses to the stable, gave them hay and oats, and took good care of them.
Llevó los caballos al establo, les dio heno y avena y los cuidó perfectamente.

Then, when he had finished, he entered into the lounge; and sitting on a bench, said, "Mother, I am very hungry; is the food ready?"

Después, cuando hubo concluido, entró en el salón, y sentándose en un banco, dijo: "Madre, tengo mucha hambre, ¿es la comida preparada?"

"Yes," she replied, and placed before him two very large dishes, filled to the brim – they would have been enough to eat for her and her husband for eight days.

"Sí," respondió, y puso delante de él dos platos muy grandes, llenos hasta arriba; y que hubieran bastado para comer ella y su marido durante ocho días.

The youth ate everything; he immediately asked if she had anything more.

El joven se comió todo; enseguida preguntó si había algo más.

"No, that is all we have."

"No; eso es todo lo que tenemos."

"That was just enough to whet my appetite; I need something else."

"Eso apenas ha bastado para abrirme el apetito; necesito otra cosa."

The mother did not dare to refuse him: she put a huge pot full of bacon on the fire, and gave it to him as soon as it was cooked.

La madre no se atrevió a negarse: puso a la lumbre una marmita muy grande, llena de tocino y se le dio en cuanto estuvo cocido.

"Well," he said, "now I can take a bite," and he ate it all; but he was still hungry.

"Bueno," dijo, "ahora puedo tomar un bocado," y se lo comió todo; pero él todavía tenía hambre.

Then he said to his father, "I see that in your home there is not what I need to eat. Bring me an iron bar that I cannot break over my knee, and I will go out into the world."

Entonces dijo a su padre: "Veo que en casa no hay lo que necesito para comer. Tráeme una barra de hierro que no se rompa encima de mi rodilla, y yo iré por el mundo."

The farmer was elated. He hitched the two horses to the cart, and from the forge brought an iron bar so big and so thick that the two horses could hardly drag it.

El granjero estaba encantado. Él enganchó los dos caballos al carro, y trajo de la fragua una barra de hierro tan grande y tan gruesa que los dos caballos apenas podían arrastrarla.

The young man took it and broke it, like a stick, over his knee. He tossed the pieces to one side.

El joven la cogió y la rompió, como un palo, en su rodilla; tiró los pedazos a un lado.

The father then harnessed four horses, and brought another iron bar – much bigger and stronger than the first.

El padre entonces enganchó cuatro caballos, y trajo otra barra de hierro – mucho más grande y fuerte que la primera.

Nevertheless, his son also broke it over his knee, saying, "This is also useless; bring me another stronger one."

Pero su hijo también la rompió encima de su rodilla, diciendo: "Esta es también inútil; me trae otra más fuerte."

Finally, the father hitched eight horses and brought an enormous iron rod - the eight horses could hardly drag it.

Por último, el padre enganchó ocho caballos y trajo una barra de hierro enorme – los ocho caballos apenas podía arrastrarlo.

The son took it in his hand, broke a bit from one end, and said to his father, "Now I see that you cannot bring me the iron bar I need. I am leaving your house."

El hijo la cogió en su mano, rompió un poco de una punta; y dijo a su padre: "Ahora veo que no me puedes traer la barra de hierro que necesito. Me marcho de vuestra casa."

He went into the world to become a blacksmith.

Entró en el mundo para convertirse en un herrero.

He came to a city where a very greedy blacksmith lived, who wanted everything for himself.

Llegó a una ciudad donde vivía un herrero muy codicioso, que quería todo para sí mismo.

He presented himself at the forge, and asked the blacksmith for a job.

Se presentó en la fragua y le pidió al herrero para un trabajo.

"Yes," said the blacksmith, and looked at him and thought, "He is very strong."

"Sí," respondió el herrero, y lo miró y pensó, "él es muy fuerte."

"How much do you want for a wage?" he asked.

"¿Cuánto quieres por un salario?" le preguntó.

"Nothing," responded the young man, "but every fortnight, when you pay the others, I want to give you two punches, which you will be obliged to receive."

"Nada," respondió el joven, "pero cada quince días, cuando pagas a los demás, quiero darte dos puñetazos, que quedarás obligado a recibir."

The miser was greatly satisfied, thinking he would save a lot of money.

El avaro estaba muy satisfecho, pensando que ahorraría mucho dinero.

The following day, the new employee started work. He gave such a blow that the iron bar broke, and the anvil sank into the ground.

Al día siguiente, el nuevo empleado comenzó a trabajar. Le dio un golpe tal que la barra de hierro se rompió, y el yunque se hundió en el suelo.

The blacksmith was angry, and said to him, "You are too strong. What do you want me to give you for that single blow?"

El herrero se enojó, y le dijo: "Tú eres demasiado fuerte. ¿Qué quieres que te dé por ese solo golpe?"

"I want to give you a kick, that is all," said the young man.

"Quiero darte una patada, eso es todo," dijo el joven.

He raised his foot, and gave him a big kick. The blacksmith flew over four bales of hay.

Él levantó el pie y le dio una gran patada. El herrero voló sobre cuatro balas de heno.

Then he sought the thickest iron bar that he could find in the forge, and taking it as a cane, continued on his way.

Después buscó la barra de hierro más gruesa que pudo hallar en la fragua, y cogiéndola como un bastón, continuó su camino.

A little further on, he came to a farm, and asked the owner if he needed a servant.

Un poco más lejos se llegó a una granja, y le preguntó al propietario si necesitaba un sirviente.

"Yes," he replied, "I need one. You seem to me to be a very strong boy. Though, how much do you want for a wage?"

"Sí," le respondió, "necesito uno. Tú me pareces un muchacho muy vigoroso. Pero, ¿cuánto quieres de un salario?"

He replied that he did not want a wage, and would be contented with giving him three punches every year, which he would be obliged to receive.

Le respondió que no quería salario y se contentaba con darle todos los años tres golpes, que se obligaría a recibir.

The farmer was very much delighted by this contract, for he was also very greedy.

El granjero se alegró mucho con este contrato, porque era también muy avaricioso.

The next morning the servants had to go into the woods. The other servants were already awake, but our young man was still in bed.

A la mañana siguiente, los sirvientes tuvieron que ir al bosque. Los otros sirvientes ya estaban despiertos, pero nuestro joven se hallaba aún en la cama.

One of them shouted at him, "Get up; we are going to the forest, and it is necessary that you come with us."

Uno de ellos le gritó: "Levántate; vamos al bosque, y es preciso que vengas con nosotros."

"Go ahead," he replied brusquely; "I will be back long before you."

"Id delante," le contestó bruscamente, "yo estaré de vuelta mucho antes que vosotros."

The others went to find the master, and they said to him that the new servant was still lying down, and did not want to go with them to the forest.

Los otros se fueron a buscar al maestro, y le dijeron que el nuevo sirviente todavía estaba acostado, y no quería ir con ellos a la selva.

The master said to them that they were to awaken him again, and tell him to hitch up the horses.

El maestro les dijo que iban a despertarle de nuevo, y le dijeron a enganchar los caballos.

However, our man said to them once again, "Go ahead; I will be back before you."

Sin embargo, nuestro hombre les dijo una vez más: "Id delante; yo estaré de vuelta antes que vosotros."

He lay down for two more hours.

Se acostó durante dos horas más.

After this time, he got himself up; and after having taken two bushels of peas and making a good stew, that he then ate quietly, he hitched the horses to drive the cart into the forest.

Al cabo de este tiempo se levantó, y después de haber cogido dos fanegas de guisantes y hacerse un buen cocido que comió tranquilamente, enganchó los caballos para conducir la carreta al bosque.

To reach the place, he had to go down a road that was on a ravine; he first drove the horses passed, and then, stopping the horses, he turned back and covered the track with trees and brush – in such a way that it was not possible to pass.

Para llegar a este sitio había que pasar por un camino que se hallaba en una hondonada; hizo pasar primero la carreta, después, deteniendo los caballos volvió atrás, cubrió el camino con árboles y malezas, de modo que no era posible pasar.

When he entered the woods, the others were already returning with their loaded coats; and he said to them, "Go ahead; I will be home before you."

Cuando entró en el bosque los otros volvían ya con sus carretas cargadas, y les dijo: "Id delante; yo estaré en casa antes que vosotros."

Without going further, he contented himself with uprooting two enormous trees, that he threw into his cart; and then he returned by the same route.

Sin andar más, se contentó con arrancar dos árboles enormes que echó en su carreta, y después se volvió por el mismo camino.

When he found the others detained and without the capacity to get beyond the trees that he had laid out – with that very objective – he said to them, "If you had stayed in the house this morning like me, you would have slept one hour more."

Cuando los halló detenidos y sin poder pasar delante de los árboles que había preparado con aquel objeto les dijo: "Si os hubierais quedado en casa esta mañana como yo, habríais dormido una hora más."

And since he could not move his horses forward, he unhitched them and put them on top of the cart; and taking the logs in one hand, he climbed over the barricade with everything.

Y como no podía avanzar sus caballos, los desenganchó, los puso encima de la carreta, y tomando los troncos en una mano, se subió sobre la barricada con todo.

When he was on the other side he said to the others, "See; I will arrive long before you;" and he continued on his way.

Cuando estuvo al otro lado, dijo a los otros: "Ved; llegaré mucho antes que vosotros;" y continuó su camino.

Upon arrival, he took a tree in his hand and showed it to the master, saying, "Is this not a fine trunk?"

Al llegar cogió un árbol en la mano, y le enseñó al maestro, diciendo: "¿No es este un hermoso tronco?"

The master said to his wife, "This is a good servant: he gets up much later than the others, and also returns before them."

El maestro dijo a su mujer: "Este es un buen criado: se levanta más tarde que los demás, y también vuelve antes que ellos."

He served the farmer for one year. The other servants received their wages, and the youth expected his reward.

Sirvió al granjero durante un año. Los otros sirvientes recibieron sus salarios, y el joven esperó su recompensa.

However, the master, terrified by the prospect of the punches, declared that he preferred to be the servant, and would give him the farm.

Pero el maestro, aterrorizado a la perspectiva de los golpes, declaró que prefería ser el sirviente, y le daría la granja.

"No," he replied, "I do not want the farm. I am a servant, and want to continue being one; but what has been agreed upon must be executed."

"No," le respondió, "yo no quiero la granja, soy un sirviente, y quiero continuar siéndolo; pero lo que se ha convenido debe ejecutarse."

The farmer offered to give him anything he wanted, but it was in vain, for he always answered, "No."

El granjero le ofreció darle todo lo que quisiera, pero fue en vano, pues respondía siempre: "No."

He asked for a period of two weeks to find some way of escape, to which the other consented.

Le pidió un plazo de quince días para buscar alguna escapatoria. El otro consintió.

The farmer then assembled all his servants, and asked them for their opinion.

El granjero reunió entonces a todos sus criados y les pidió su parecer.

After having reflected for a long time, they responded that with such a servant, no one was sure of their life, and that he could kill a man as he would a fly.

Después de haber reflexionado por mucho tiempo, respondieron que con un criado semejante nadie estaba seguro de su vida, y que mataría a un hombre como a una mosca.

They were then of the view that he be made to go down the well – to clean it – and as soon as he was at the bottom, they should throw down a collection of mill stones that were near there, such that he would be killed in the process.

Fueron, pues, de parecer que se le hiciera bajar al pozo – para limpiarle – y en cuanto estuviera abajo, echarle encima de la cabeza una porción de piedras de molino que estaban allí cerca, de modo que le matasen en el acto.

The advice pleased the farmer, and the servant hurried down the well.

El consejo agradó al granjero, y el criado se apresuró a bajar al pozo.

As soon as he was at the bottom, they threw down those enormous stones on top of him, thinking they would shatter his head; but he shouted at them from below, "Chase away the hens that are scratching in the sand. The sand falls in my eyes."

Tan pronto como él estuvo en el fondo, se arrojaron sobre él aquellas enormes piedras, creyendo que le desharían la cabeza, pero él les gritaba desde abajo: "Ahuyenta a los gallinas que se rascan en la arena. La arena cae en los ojos."

The farmer said "shoo, shoo;" pretending to chase away the hens.

El granjero dijo: "spcha, spcha;" pretendiendo ahuyentar a las gallinas.

When the servant finished, he climbed up and said, "Look! What a beautiful necklace!" He had the largest stones around his neck.

Cuando el sirviente concluyó se subió y dijo: "Mira; qué hermoso collar." Tenía las piedras más grandes alrededor de su cuello.

The servant kept demanding his salary, but the farmer asked him for another fortnight, determined to reflect on it.

El sirviente seguía exigiendo su salario, pero el granjero le pidió otros quince días, decidido a reflexionarlo.

His servants advised him to send the young man to the haunted mill, to grind grain during the night, for no one had emerged alive the following day.

Sus sirvientes le aconsejaron enviar al joven al molino embrujado, para moler el grano durante la noche, pues nadie había salido vivo al día siguiente.

This advice pleased the master, and immediately sent his servant to the mill with eight bushels of wheat, and to grind them during the night, for they were already lacking.

Este consejo agradó al maestro, y en el mismo instante envió a su sirviente al molino con ocho fanegas de trigo, y molerlas durante la noche, porque estaban ya escasas.

The servant put two bushels of wheat in his right pocket, two in the left, and loaded four in a saddlebag, (two at the front, and two behind,) and went running to the mill.

El criado echó dos fanegas de trigo en su bolsillo derecho, dos en el izquierdo, se cargó cuatro en una alforja, dos por delante y dos por detrás, y marchó corriendo al molino.

The miller said he could very well grind by day but not by night, for all those who ventured to do this, had appeared dead the following morning.

El molinero le dijo que podía muy bien moler de día pero no de noche, pues todos los que se aventuraban a hacer esto, habían aparecido muertos a la mañana siguiente.

The young man replied, "I shall not die. Go and lie down, and sleep without care."

El joven respondió: "No moriré. Ve y acuéstate, y dormir sin cuidado."

And entering the mill, he began to grind the wheat as if it were nothing.

Y entrando en el molino empezó a moler el trigo como si no se tratase de nada.

Around eleven in the evening, he entered the miller's room, and sat himself on a bench.

Hacia las once de la noche entró en el cuarto del molinero, y se sentó en un banco.

After a moment the door opened by itself, and he saw a very large table enter; on which were placed (by themselves) a multitude of dishes and bottles full of the most exquisite things – though without anyone seeming to carry them.

Al cabo de un instante la puerta se abrió por sí misma, y se vio entrar una mesa muy grande, en la que se colocaron (por sí solos) una multitud de platos y de botellas llenos de las cosas más exquisitas, sin que pareciera nadie para llevarlos.

The stools were placed around the table, without anyone presenting themselves; but the youth at last saw fingers without hands (or anything else) coming and going to the plates, and they handled the forks and knives.

Los taburetes se colocaron también alrededor de la mesa, sin que se presentase nadie, pero el joven vio al fin dedos sin mano ni nada que iban y venían a los platos, y manejaban los tenedores y los cuchillos.

As he was hungry and the food smelled good, he also sat himself at the table and ate heartily.

Como tenía hambre y le olían bien los manjares, se sentó también a la mesa y comió con apetito.

When dinner had concluded, and the empty plates announced that the invisibles had also finished, he clearly heard that the lights turned off.

Cuando la cenar hubo concluido y los platos vacíos anunciaron que los invisibles habían concluido también, oyó claramente que apagaban las luces.

Then, in the darkness, he felt something on his cheek like a box on the ear, and he said in a loud voice, "If you start, I start too."
Entonces, en la oscuridad, sintió en su mejilla una cosa parecida a un bofetón, y dijo en voz alta: "Si empiezas, empiezo yo también."

However, he received a second, and then he reciprocated.
Recibió sin embargo un segundo y correspondió entonces.

The giving and receiving of boxes on the ears continued all night long, and the young giant was not left lagging in the game. At dawn, everything ceased.
Los bofetones dados y devueltos continuaron toda la noche, y el joven gigante no se quedó atrás en el juego. Al amanecer cesó todo.

The miller arrived, and marvelled at finding him still alive.
El molinero llegó y se admiró de hallarle vivo todavía.

"I have given well," said the giant: "I have received slaps, but have also given them."
"Me he regalado bien," dijo el gigante: "he recibido bofetones, pero también los he dado."

The miller was very pleased, for now the spell over his mill was broken; he wanted to give the young giant a lot of money to compensate him.
El molinero se puso muy contento, porque ya estaba desencantado su molino; quería dar al joven gigante mucho dinero para recompensarle.

"I do not want money," he said; "I have more than I need."
"No quiero dinero," le dijo, "tengo más del que necesito."

He returned home with the sacks of flour, and declared to the farmer that his job was finished and he wanted his salary.

Y echándose sus sacos de harina a las espaldas, volvió a la granja, y declaró al granjero que su trabajo estaba concluida y quería su salario.

The farmer was afraid: he could not stand still (in the one place), and was pacing back and forwards in the room, with drops of sweat rolling down his face.

El granjero estaba asustado; no podía estar quieto en un lugar, iba y venía por el cuarto, y las gotas de sudor le caían por el rostro.

To catch his breath a little he opened the window, and then the servant gave him a kick, which made him go flying out the window.

Para respirar un poco abrió la ventana, y luego el sirviente le dio una patada, que le hizo salir volando por la ventana.

Then the servant said to the farmer's wife, "Now it is your turn."

Entonces el sirviente dijo a la esposa del granjero: "Ahora es su turno."

However, she cried out, "No, please do not hit me."

Pero ella exclamó: "No, por favor no me pegues."

She opened the other window, while the sweat ran down her forehead; and then the servant gave her a kick that made her go flying out the window – much higher even than her husband, for she was much lighter.

Y abrió la otra ventana, porque el sudor corría por su frente; y luego el sirviente le dio una patada, que le hizo salir volando por la ventana – más alto todavía que a su marido, porque era mucho más ligera.

Her husband shouted out, "Come with me."

Su marido le gritó: "Ven conmigo."

And she responded, "You come with me, for I cannot go to you."

Y ella le respondía: "Tú vienes conmigo, porque yo no puedo ir contigo."

And they continued floating in the air, without successfully meeting.

Y continuaron flotando en el aire, sin conseguir reunirse.

As for the young giant, he took his iron bar and set off down the road.

En cuanto al joven gigante, cogió su barra de hierro y se puso en camino.

THE END
EL FIN

61785677R00082

Made in the USA
Middletown, DE
14 January 2018